満点ゲットシリーズ

こちら葛飾区亀有公園前派出所 両さんの

日本史大達人③

江戸時代後期～現代

キャラクター原作／
秋本 治

監修／電気通信大学教授
安田常雄

もくじ

イラストは広島の原爆ドーム

歴史のなかを歩く

天野祐吉

ある高校に、とても面白い歴史の先生がいました。

たとえば、「関ケ原の戦い」の授業のときには、近所の古道具屋さんからヨロイやヤリを借り、それを身につけて教室に現れる。で、「これってすごく重い。こんなのを着て一日中戦ったなんて、ウソにきまってる」というんですね。

こうくれば、生徒もだまってはいません。「ぼくもヨロイ着たい！」「私にヤリを持たせて！」と、順番にヨロイを着たり、ワイワイ議論をしたりする。そうこうしているうちに、授業の終わりのベルが鳴る、というわけです。

ところが、その先生は、一年もたたないうちに、よその学校へ転勤させられてしまいました。父母の会の一部の人たちから、こんな文句がきたのです。

「たかが関ケ原のことで、丸一時間も時間をつぶすなんてとんでもない。〝関ケ原の戦いは一六〇〇年九月一五日に行われ、徳川家康の東軍が石田三成の西軍を破って、天下の大勢をきめた〟ということだけ、子どもたちにおぼえさせ

天野祐吉

コラムニスト。童話作家。1933年東京生まれ。創元社、博報堂などを経て独立、1979年に「広告批評」を創刊する。同誌の編集長、発行人を経て、現在は主にマスコミを対象とした評論やコラムを執筆、またテレビのコメンテーターとしても発言している。
主な著書に、『広告みたいな話』『嘘八百』『天野祐吉のCM天気図』『ゴクラクトンボ』『見える見える』『おかしみの社会学』『嘘ばっかし』など多数。絵本に、『くじらのだいすけ』『ぬくぬく』『絵くんとことばくん』などがある。

てくれればそれでいい。それだけなら、三〇秒ですむ。うちの子は大学受験で一秒だって時間が惜しいんだ。大学の入学試験に〝そのときのヨロイは重かったか〟なんて問題は出ないはずだ」

こまったものです。そんなバカなことをいう人は、歴史というものがぜんぜんわかっていない。歴史は〝知る〟ものじゃない、〝体験〟するものです。過去の過ぎ去った時間のなかを、自分の足で〝歩く〟ことだといってもいいでしょう。過去のことを過去形ではなく、現在進行形でとらえることが、とても大切なのです。

その先生が教室に着てきたヨロイは、自分と関係ない昔の人のものとはかぎりません。あなたの、ひいひいひいひいひいじいさんが着ていたものかもしれない。そのひいひいひいひいひいじいさんの肩に食いこんだヨロイの重さを、あなたの肩で受けとめながら、あなたも関ケ原を歩くことです。

この本のすばらしさは、歴史をそんなふうにとらえているところだと思います。ぼくが小学生か中学生のころ、学校の教科書がもしこの本だったら、ぼくはもっともっと、人間に強くなることができたでしょう。歴史に強くなるということは、人間に強くなるということなんですね。

読者のみなさんへ

日本の歴史も、いよいよみなさんが生きている時代にやってきました。そこはご両親やおじいちゃんやおばあちゃんも一生懸命に生きてきた時代です。明治の改革が行われ、地震や戦争もあって、苦労の多かった時代ですが、その中でだんだん暮らしも豊かになり、テレビや車からコンピュータや携帯電話の普及まで、とても便利な時代になりました。

でも一方では、今でも世界には飢餓や戦争、テロもあり、日本でも、ここ十年ほどリストラ（失業）や若い人たちのひきこもりなどが社会問題になっています。

世界も日本もどことなく不安な曲がり角に来ているのでしょう。

近現代の歴史には、そうした豊かさと不安がどこからやってきたかを考える大切な手がかりがあります。では、両さんといっしょに、人々の努力のあとをたどりながら、未来のヒントをさがす歴史ウォッチングにでかけましょう。

安田常雄
電気通信大学教授
1946年東京生まれ。1970年東京大学経済学部卒業。同大学院経済学研究科博士課程単位取得退学。専門は近現代日本思想史。著書に『日本ファシズムと民衆運動』『暮らしの社会思想』など。

序章
――黒船VS大和　まぼろしの対決の巻――

両津勘吉
亀有公園前派出所勤務の警察官。何にでも興味を持つトラブルメーカー。通称、両さん。

秋本麗子
亀有公園前派出所勤務の警察官。神戸の大貿易商のお嬢さま。美人だが気が強い。

※対馬、琉球、松前でも外国と交流していたといわれる。

勝海舟
坂本竜馬
西郷隆盛
桂小五郎
そして
新撰組……
西郷隆盛
坂本竜馬
勝海舟
幕府をたおせとか
外国の勢力を
追いはらえとか
さまざまな思想が
ぶつかり合った
土方歳三
近藤勇
沖田総司
その後、日本は
欧米諸国に
追いつけ追いこせと
発展していったのね
そんなこと
より
試運転に
行くぞ！
試運転？
せっかく
だから
ラジコンに
改造したんだ
動かせる方が
おもしろい
だろ？
江戸川

中川圭一

亀有公園前派出所勤務の警察官。大金持ちの息子。両さんの起こす騒動によく巻きこまれる。

戦艦大和!!
勘兵衛のじじい!!
エンジンの調子はまずまずだな
そうか…じいさんも新しいエンジンを作ったのか
負けるか——っ
いい機会だ新兵器も試してみるか
グオオ…

両津勘兵衛

両さんの祖父。100歳をこえているが元気で気が若く、ゲーム会社を作ったりしている。

そして中国大陸に進出し侵略行為をし世界の国々を敵に回してしまいます
その結果太平洋戦争で多くの犠牲を出してしまうことになりました
そうだ戦争はよくないんだぞ!!
だから遊び半分で戦艦を作るのはよくない
知っとるさ その後 日本は平和憲法のもとで戦争をやらないとちかったんじゃ
別に大和のラジコンとは関係ないだろ
それに過去のあやまちから目をそらしてはいかんぞ 反省する点はきちんと反省すべきだ
こうなったら玉砕精神だ!! 断固 撃破してやる!!
そういう考え方が戦争に向かうんだぞ

負けるもんか! 新型エンジンの開発にも金かかったんだ 高く売れないと損しちまう!!
く〜〜っ くそ
パワーはこっちの方が上だ
ザザ———ッ
風だ!!
そうか 帆がうまく風をとらえたんだ
ザ
ぶわ
飛んだ!!

どうだ
ーーっ
フワーッ
バカン
浮力はついても
風が止まれば
終わりじゃ
修復の
バイト料…
新型エンジン
開発費が
パア……
それどころか
船を弁償
しないと…
亀有
歴史資料館
結局
弁償する
お金がなくて
案内のアルバイト
することに
なったんです
亀有歴史資料館
案内係
この姿勢は
つらい…
まったく
進歩のない
ヤツだ…

日本の歴史

【旧石器時代〜江戸時代前期】の
おさらい

鎌倉時代・室町時代

源平の争いに勝った源頼朝は、鎌倉に幕府を開きます。鎌倉幕府がたおれると足利尊氏が室町幕府を開きました。

秀吉の後に権力をにぎった徳川家康によって江戸幕府が開かれ世の中は落ちつくのよ
常陸
武蔵
下総
相模
上総
江戸
さあ 今回は江戸後期から現代史までだ！
そうだよ今 日本は世界でも有数の大国だよね
安田先生
でも 経済大国となるまでにはさまざまな人の努力やいくつものあやまちがあったんだ
今回は世界の仲間入りするまでの日本の歴史だ
よし日本史大達人完結編だ‼

1603年～1867年

江戸時代

幕府の改革と鎖国の揺らぎ

後期

（江戸時代1718年以降～）

江戸時代 その3
——おばけ屋敷?武家屋敷?の巻——
おみやげ
※江戸時代その1、2は『日本史大達人』②を見よう
すごいな…ボロボロじゃないか…
カア
カア

両さんメモ

江戸時代、町人たちは長屋というアパートみたいな所に住んでいた。四畳半ほどの部屋に土間があるだけの家に、家族でくらすなんてせまいな。トイレや井戸は共同で、気軽にものを貸し借りしていた。ご近所とは仲良くやっていたんだぜ。

江戸の三大改革

徳川吉宗
（1684〜1751）

享保の改革

八代将軍吉宗の行った改革
質素・倹約をすすめて武芸を奨励
財政立て直しの基礎を米と考え
年貢の納め方を変えさせたり
新田開発をさせたり　裁判の基準の
『公事方御定書』も作る
また民間の声を聞く目安箱を設置
（くわしくは28ページ）

松平定信
（1758〜1829）

寛政の改革

老中松平定信が行った改革
わいろの横行や
天明のききんなどで
高まった民衆の不満を
しずめようとする
不作にそなえて米をたくわえ
倹約をすすめるが
きびしすぎて批判を受けた
（くわしくは34ページ）

水野忠邦
（1794〜1851）

天保の改革

老中水野忠邦が行った改革
天保のききんや大塩の乱で
危機感を持って改革を実施する

でも江戸時代の改革は成功したとは言えませんが
享保、寛政の改革を手本とし倹約をすすめて出かせぎを禁止また株仲間も解散させた（くわしくは36ページ）
大江戸心霊パーク
真夏のミステリースポット
本物の幽霊に会える
大丈夫なんですか本物の幽霊が出るなんて言っちゃって
今や心霊スポットは観光名所だ Mトンネルや Y病院なんかは多くの人が集まってくるし屋台まで出るくらいだ
たこ焼
雑誌にもテキトーな体験談をのせておいた
私は幽霊を見た!!
大江戸心霊パーク

本田速人

葛飾署交通機動隊勤務。ふだんは気が弱いがバイクに乗ると性格が変わり強くなる。

1742年・いやな世にかつを入れる御定書

両さんメモ

1728年、ベトナムからオスとメスの象が2頭やってきたが、残念ながらメスは死んでしまった。将軍吉宗が注文したものだ。吉宗が見たり、大名屋敷をまわったりしてめずらしがられた。13年間、浜御殿で生活していたという。

子どもたちには針井堀太と賢者の館
あと現代的に家具が飛び回るポルターガイスト館
イベントとしては大パレード〝死者の行列〟
暗く不気味に演出するため電飾は使わないのが安上がりだ
見たくないわよ
夏は盛大に死霊の盆踊り
他にもサービスであなたの写真を心霊写真にしたりとか
しなくていいのに
そして最大の呼びものは本物の幽霊の写真を とった人には賞金100万円!!

両さんメモ

金魚を飼うのがブームになった。品種改良も行われたというぞ。良い金魚の見分け方や飼育法、病気への対処法が書かれた飼育本『金魚養玩草』まで、出版されたんだ。

江戸時代・その3
1603年～1867年
江戸幕府の三大改革と外国船の接近

※その1、2は『日本史大達人』②を見よう

八代将軍吉宗登場 享保の改革

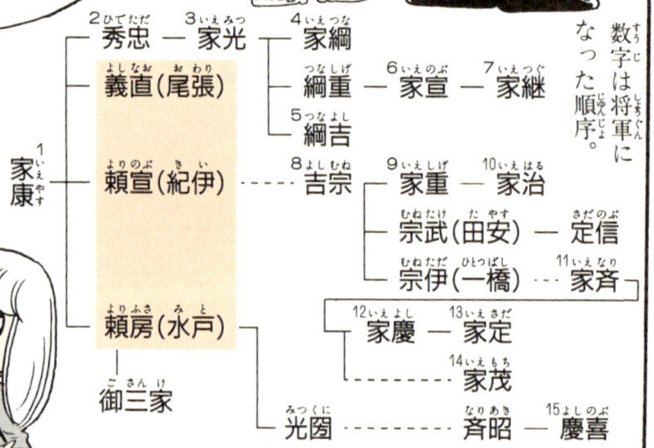

江戸幕府の状況

吉宗が将軍になったころは、江戸幕府の権力も安定し、大きな動乱もなくなっていました。
しかし、五代将軍綱吉が多くの寺を建造したり、金の分量を減らした小判を多量に発行したり、財政は苦しかったのです。
六、七代将軍に仕えた新井白石が経済の立て直しに努めましたがうまくいかないまま、吉宗の時代になります。

吉宗は、財政立て直しのため、質素・倹約をすすめ、平和に慣れた武士たちに武芸をみがかせました。また、幕府では、禄高（給与）によって、つける役職が限られていました。しかし吉宗は、有能であれば、重要な役職につけるようにして、在職中に限り、禄高の不足分を幕府が補う、足高の制を決めました。

吉宗と米政策

これまで農民は、とれた米の何割かを年貢として納めていました。しかし、豊作の時と不作の時とで年貢の量が変わり、幕府の収入は安定しません。そこで、豊作・不作に関係なく年貢の量を一定にして収入の安定を目指しました（定免法）。

大名たちにも、参勤交代での江戸滞在期間を短くするかわりに、米を出させる上げ米の制を決めたり、新田の開発に力を入れたり、と吉宗は米を中心に財政の立て直しをはかりました。

日本	できごと
江戸時代	1716 徳川吉宗、将軍になる
	1720 洋書輸入禁止の緩和
	1732 享保のききん起きる
	1742 『公事方御定書』できる
	1772 田沼意次、老中になる
	1774 『解体新書』できる
	1782 天明のききん起きる
	1787 松平定信、寛政の改革
	1792 ロシア使節ラクスマン、根室に来航する
	1798 近藤重蔵、北海道東部を探検 本居宣長『古事記伝』完成
	このころ 化政文化
	1800 伊能忠敬、蝦夷地を測量
	1804 ロシア使節レザノフ、長崎に来航する
	1808 間宮林蔵、樺太を探検 フェートン号事件（イギ
中国	清
朝鮮	李氏朝鮮

『公事方御定書』

1742年に完成した公事方御定書は、裁判の基準となる法令集でした。

洋書輸入をみとめる

また吉宗は、キリスト教以外のものであれば、洋書の輸入をみとめたので、洋学もはやりました。

目安箱という投書箱を置いて、民間の人々の意見を聞きました。

▶目安箱により、貧しい人のための病院、小石川養生所ができた。

ききん対策

吉宗は、甘藷（サツマイモ）の研究をしていた青木昆陽を登用し、荒れ地でも育つ甘藷をききん対策として全国に植えさせました。昆陽は甘藷先生と呼ばれました。

リス軍艦が長崎で起こした暴行事件）

1821 伊能忠敬の全国地図「大日本沿海輿地全図」完成
1823 シーボルト長崎に来る
1825 異国船打払令が出される
1828 シーボルト事件が起きる
1833 天保のききん起きる
打ちこわしや百姓一揆さかんに起こる
1837 大塩平八郎の乱
1839 蛮社の獄が起こる（渡辺崋山、高野長英ら蘭学者が異国船打払令などを批判したとして幕府に処罰された事件）
1840 清とイギリスの間に、アヘン戦争が起こる
1841 水野忠邦、天保の改革

名奉行・大岡越前の功績

（1677〜1751）

大岡忠相は、吉宗が将軍になると、幕府の重職である江戸町奉行になり、越前守と称しました。当時、江戸で多かった火事の対策として、町人による消防組織、町火消しを編成しました。吉宗の在位期間、ずっと重要な職につき、享保の改革を助けました。小説『大岡政談』によって、裁判官として有名ですが、この小説の内容はほとんど創作で、実際は裁判官としてより政治家として力を発揮しました。

享保のききん

1732年、イナゴの被害により、米が不作でききんが起きました。米の値段が上がり、翌年、江戸で初めて打ちこわしが起きました。

田沼の政治

田沼意次（1719～1788）

老中。十代将軍徳川家治のもとで権力を持つ。

印旛沼（千葉県）の干拓を目指すが失敗しました。

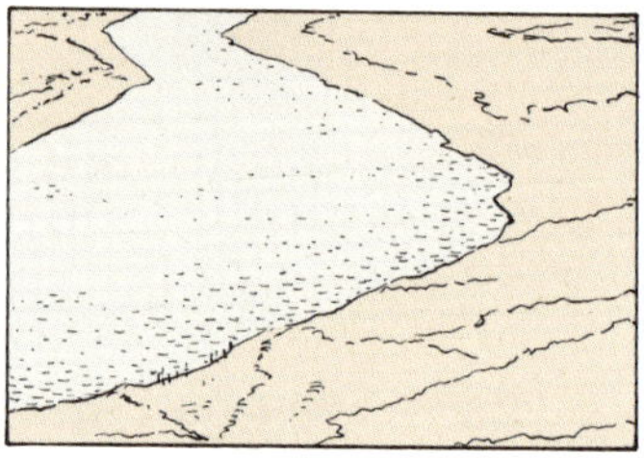

田沼意次は、町人から税を多くとることを考えました。株仲間という同業者組合をふやして営業税をとりました。商業だけでなく、漁業や運送業にも営業税をかけました。これらの営業税を運上金・冥加金といいます。

田沼意次は、年貢にたよった財政は限界だと考え、商業に重きをおく政策をとりました。

株仲間をふやす以外にも、銅や鉄などを幕府の専売にしたり、長崎貿易をすすめました。町人の金で新田開発をしたりしました。

しかし、わいろがさかんになり政治が乱れて、批判が高まりました。

浅間山大噴火

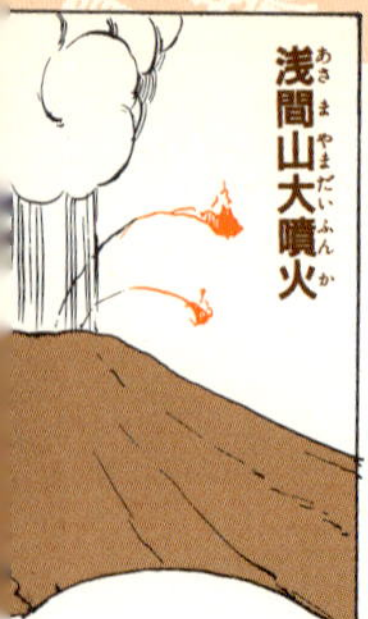

売りおし
屋を、貧
がおそう
し。

こち亀パトロール

読み 書き そろばん

農民の苦しみ

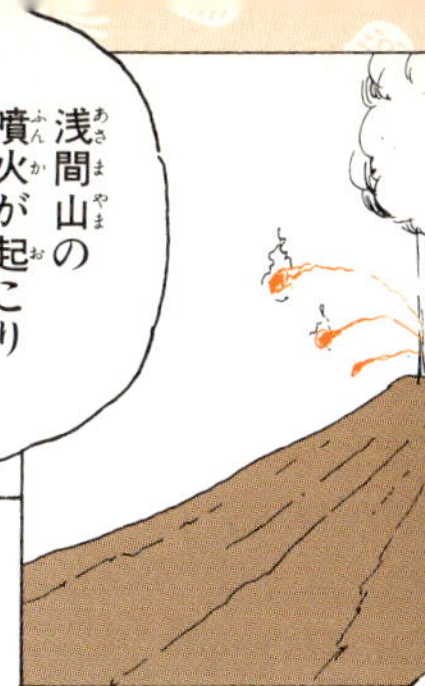

1782年、東北地方は冷害と多雨の異常気象でした。翌年7月には、浅間山(長野県)が大噴火して火山灰が降り、農作物はほとんどとれませんでした。こうして起こったのが天明のききんで、多くの死者が出ました。

▼農民たちが、年貢の引き下げや不正な役人の交代などを求めて武装し、立ち上がる百姓一揆。

農村では米などの他に、油用の菜種や染料用の藍など商品作物も作られるようになりました。しかし、年貢は重く、商品作物は安く買い上げられ、出かせぎに出る者もいました。苦しむ農民は団結し、百姓一揆を起こしました。

▲都市で
みする米
しい人々
打ちこわ

各地に読み、書き、そろばんを教える庶民のための学校があったぞ。この学校を寺子屋というんだ。このような学校のおかげで、文字の読み書きのできる人がふえ、文化が民衆にも広まったんだな。
寺子屋の先生は、僧侶や神主、医師や浪人（仕える家や主君をなくした武士）などだった。6～13歳の子が通ったんだ。

昔はお寺でも勉強を教えた

老中、松平定信は政治を引きしめる改革をしました(寛政の改革)。

伊能忠敬は50歳から測量を学び、全国地図を作りました。間宮林蔵は忠敬に測量を学び、樺太を探検しました。

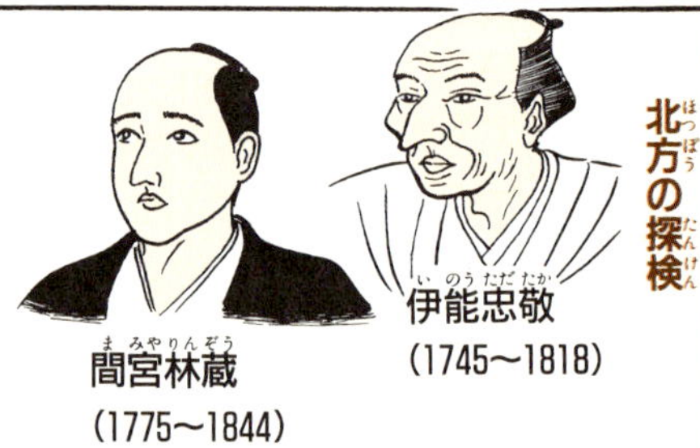

ロシアの船が、※蝦夷地にやって来るようになり、幕府は防備を固めるため、北方の探検に力を入れました。伊能忠敬は1800年、幕府の命令で蝦夷地を測量、以後全国を測量しました。間宮林蔵は樺太を探検し、島であることをたしかめました。

※北海道のこと。

貧しい人々を救おう 大塩の乱

大塩平八郎
(1793〜1837)

1830年ごろから、毎年のように天候不順で不作が続きました。東北では多数の死者が出て、全国にも被害があり、農民や貧しい人々はとても苦しんでいました。しかし、幕府や役所は貧しい人々を救おうとしませんでした。

こんな状態に怒って立ち上がったのが、大塩平八郎でした。大塩は、大坂町奉行所のもと与力という役人で、陽明学者でもありました。1837年、大塩は町奉行への訴えがうけいれられず、「救民」の旗をたてて同志や大坂周辺の農民らと反乱を起こしました。

反乱は１日でしずめられ、大塩は潜伏後自殺しましたが、この反乱は大きな影響をおよぼしました。新潟の生田万の乱など、大塩門弟を名のる人たちの一揆が、この後あいついで起こりました。

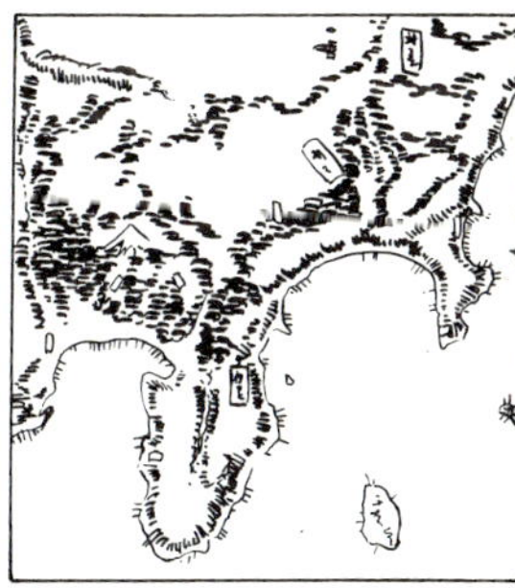

▲伊能忠敬の地図

天保の改革

1841年、老中の水野忠邦は享保の改革、寛政の改革をお手本にした、改革を進めました。これを天保の改革といいます。倹約をすすめたり、株仲間を解散させて物価を下げようとしたり、とさまざまな試みをしました。

水野忠邦
(1794～1851)

藩政改革

天保の改革の内容

●株仲間の解散
商業を独占している株仲間を解散させて、自由な取り引きをみとめ、物価を下げようとする。

●人返し令
江戸に出かせぎに来ている農民を郷里に返す。

●倹約令
ぜいたくを禁止する。風俗もきびしく取り締まり、作家を処罰したり、芝居小屋を郊外へ移動させる。

天保のききん
大塩の乱が起きる、きっかけの一つとなったのが天保のききんです。
大地震、水害、冷害が毎年続き、各地で百姓一揆や打ちこわしが起こりました。改革は必要でしたが、幕府にはその力がなく失敗してしまいました。

●上知令※
江戸・大坂周辺の大名と旗本の領地を幕府の直轄領にして、幕府の力を強めようとしたが失敗に終わる。

※じょうちれいとも読む。

各藩でも財政難におちいっていました。藩の政治改革（藩政改革）に着手する藩もありましたが、多くは失敗しました。

薩摩藩（鹿児島県）は、調所広郷を中心に改革を成功させました。商人からの多額の借金を250年かけて返すという、ふみたおしのような方法で整理しました。また黒砂糖の専売や琉球との貿易で利益を上げて、財政の立て直しに成功しました。

長州藩（山口県）も村田清風を中心に、財政の立て直しに成功しました。

改革に成功した薩摩や長州では、下級武士が力を持ち、立て直した財政で軍事力を高めていきました。そして、幕末に大きな役割をはたすようになるのです。

▲力をつけた各藩に対抗するため、幕府も韮山（静岡県）に大砲などの武器を作るための反射炉を作った。

化政文化

蘭学者の前野良沢と医者の杉田玄白は、西洋の人体解剖図が正確なのにおどろき、オランダ語の医学書を苦労して日本語訳しました。これが『解体新書』です。

▼『解体新書』（1774年刊）

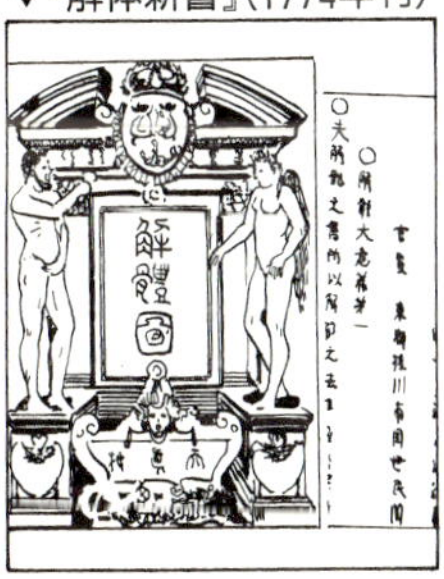

エレキテル
摩擦で電気を起こす発電機。

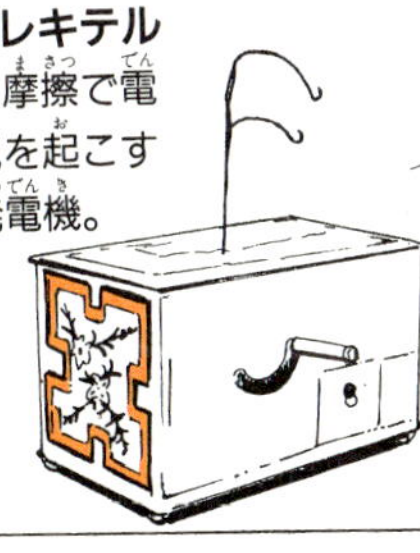

平賀源内は多才な人で、エレキテル、寒暖計の作成の他洋画も描きました。

18世紀後半、江戸の民衆中心の文化が栄えました。そのころの文化・文政という年号から化政文化といいます。俳諧や和歌をまねた川柳や狂歌で、世を風刺するのがはやりました。

〈川柳〉
泣き泣きも
よいほうをとる　かたみわけ

浮世絵では、多色刷りの錦絵が発達しました。喜多川歌麿、東洲斎写楽、歌川広重、葛飾北斎が有名です。

▲歌川(安藤)広重の『東海道五十三次』

▶写楽の役者絵

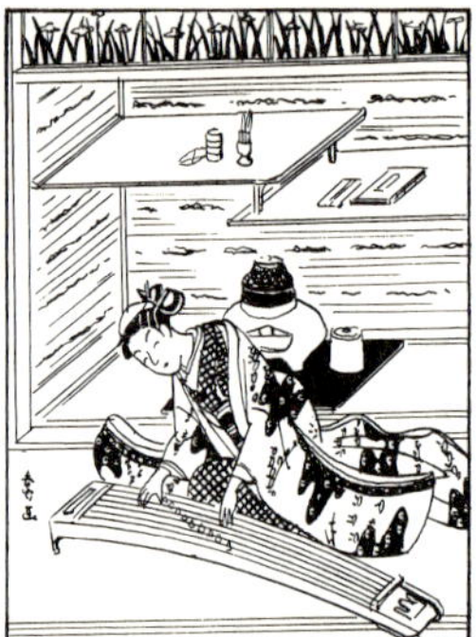

◀錦絵の発明者、鈴木春信の絵

ヨーロッパの画家たちは、浮世絵の構図をまねたり、絵の中に浮世絵を描いたりしました。

ゴッホの絵の背景にも浮世絵がある。

文学作品も多く書かれました。十返舎一九の『東海道中膝栗毛』や滝沢馬琴の『南総里見八犬伝』が人気の小説でした。

また俳諧では、与謝蕪村が自然の美しさを、小林一茶が弱者へのやさしさに満ちた句をよみました。

1808年

イギリス軍艦のフェートン号、長崎で暴行事件を起こす。

シーボルト
(1796〜1866)
オランダ商館のドイツ人医師。

18世紀後半から、日本の沿海に外国の船が近づき、通商を求めました。

このころの世界の動き

1732年
●アメリカのイギリス植民地、13州となる。
1740年
●オーストリア継承戦争起こる。
1757年
●プラッシーの戦い。→インドにおけるイギリス・フランスの争い。
1762年
●ルソー『社会契約論』刊行。
このころ
●イギリスに産業革命が起こる。
1769年
●アークライト、水力紡績機を発明。ワット、蒸気機関を改良。
1775年
●アメリカ独立戦争起こる。
1776年
●アメリカ独立宣言。
1789年
●フランス革命起こる。
1804年
●ナポレオン、フランス皇帝に。
1814年
●ウィーン会議。→ナポレオンによって乱されたヨーロッパの戦争処理。
1840年
●アヘン戦争起こる。

ナポレオン

近づく外国船

1792年
ロシア使節ラクスマン、根室に来航する。

1828年 シーボルト事件

国外持ち出し禁止の日本地図を持ち出そうとしたと、シーボルトや幕府の役人がつかまる。

ロシアは、1792年にラクスマン、1804年にレザノフを使者に送ってきましたが、日本は鎖国を理由に断りました。その後も外国船は接近し、幕府はその対応に頭をなやませました。

両さんの
蘭学のススメ
米問屋
両さん また いらしてね
おう
やい 待て 兄さん

ぶつかっといて
あいさつ
なしかよ!
コラ!
金出しな
きゃあっ
待った
待った
そのケンカ
わしが
あずかる!!
何者だっ
この
桜吹雪で
だれだか
わかんねぇか!?
げっ
遊び人の
両さん
相手が
悪い
にげろッ
ありがとう
助かった
ち
にげら
れた
長崎から
来たばかり
だったんだ
何!?
長崎から

おう 玄白さん いるか!?
何だい 両さん
杉田玄白（ボルボ西郷）江戸時代後期の医者
杉田玄白（1733〜1817）
前野良沢（1723〜1803）
後に前野良沢らとともに西洋の医学書を翻訳して『解体新書』を出版する
こっちは長崎帰りの平賀源内さんだ
長崎帰り!!
平賀源内（本田速人）讃岐（香川県）出身の本草学者 戯作者 本草学とは 今の薬物学・植物学のこと
平賀源内（1729〜1779）
源内はさまざまなアイデアを持った人であった 夏の土用丑の日にうなぎを食べる習慣は源内が発案したといわれる

長崎帰りといっても1年ほどだし……
うらやましい私も西洋の医学を勉強したい
それにこの江戸にいても薬や治療の情報が少なくて…
だったら各地に呼びかけて江戸で情報交換の物産展を開けば？
そいつはおもしろいのった!!
両さん
無理だよ幕府が何と言うか…
なぁにまかせとけ
東都薬品会
現代でいう博覧会のようなもよおしが開かれた

源内の発案で
開かれた
このもよおしは
大成功をおさめ
医学だけに
とどまらず
全国のめずらしい
植物 動物 鉱物を
集めたものとなった
すごいな
こんなに
人が集まる
なんて
その後
このもよおしは
何度か行われ
多くの人を
集めた
両さんって
何やってる
人なの
さぁ
江戸の
おみやげだ!!
ただの
遊び人と
しか…
ただの
遊び人には
見えないけど
………

源内さん物産展大成功だな
もうかってしかたないだろ
そんな金もうけのためにやったんじゃないのに
両さん何やってるの
見てみろ役人がわいろをもらっている
しっ
えヤバイよ
ちっ背中の桜吹雪がうずくぜ

当時の老中
田沼意次は
幕府の財政を
立て直すため
商業に力を入れた
田沼意次
(1719〜1788)
しかし 反面
わいろが横行した
着物の袖の下から
そっとお金を入れる
ことから わいろを
袖の下と呼ぶ
源内は再び
長崎へ向かい
蘭学を
学んでくる
この絵
源内さんが
描いたのか!!
すごいな
数日後
源内さん
こいつに
※蘭画を教えて
くれよ
秋田藩の
小田野直武
です

※西洋画、油絵のこと。

※江戸後期に人気のあった軽い読み物。

おもしろい
ちょっと
借りるぞ!!
エレキテル
オランダから
入ってきた
源内は自分でも
作ってみた
源内さん
エレキテルって
すごいな
何で
知って
るの!?
両さんが
向こうで
見せ物に
してるよ
よって
らっしゃい!
見て
らっしゃい!!
この
箱の中には
雷さまが
いるぞ!!
エレキテル
見物料　三文

だめだよ
お金取っちゃ!!
何を
言ってるんだ
今さら
じゃあ
全国物産展も
入場料取って
いたの!?
他にも
本の印税とか
蘭画の授業料とか
ずいぶんと
かせがせて
もらった
はは
お役人だって
わいろ
もらってんだ
カタイこと
言うな
それで
もうけた
お金は?
みんな
バクチで
すっちまった
結局
ただの遊び人じゃ
なくて すごい
遊び人なのか…
酒
おかわり!!
昼間から
………

絵崎教授の特ダネファイル

江戸の学問・文学

江戸時代の学問の中心は、儒学だった。儒学の教えは上下関係に重きを置き、主君に忠義をつくし、親に孝行するもので、江戸幕府の支配には都合がよかったのだ。幕府は旗本が通うための昌平坂学問所を作り、学問にはげませた。

幕府が奨励したのは、儒学の中でも朱子学という学問だったが、儒学の中には他にも陽明学などもある。

また、儒教や仏教などの中国から渡ってきたものでなく、『古事記』や『万葉集』など日本の古典から、日本人の自然な生き方を学んでいこうという国学もさかんになってくる。国学の中心になったのは、賀茂真淵や本居宣長らだ。この国学は、幕末の尊王攘夷思想に影響をあたえた。

そして、西洋の学問や事情を学ぶ蘭学も流行した。漢字の当て字でオランダを阿蘭陀と書くことから、オランダを蘭という。オランダは鎖国時代の日本にとって、唯一つき合いのあった西洋の国だったので、日本はオランダ人を通して西洋事情を学んだ。そのため、西洋の学問を蘭学というのだ。

学問は広く庶民にも広がり、読み書きのできる人がふえた。そうなると、庶民に向けた読み物ができ大流行した。庶民の生活をおもしろおかしく書いた滑稽本や、歴史的要素を入れ、勧善懲悪を説く読本などが特に人気だった。

滑稽本では『東海道中膝栗毛』が、読本では『南総里見八犬伝』などがよく読まれた。

当時本はとても高価で、人々は貸本屋を通じて本を読んだんだ。貸本屋は店舗を持たず、風呂敷に本を持って、お得意さまを回った。

江戸のうち
1853年以降〜

幕末

日本の夜明けと動乱

長崎 グラバー邸

幕末
―両津、暗殺される!?の巻―
1860年 大老 井伊直弼は江戸城桜田門外で暗殺された桜田門外の変である
安政の大獄などの強圧な態度もあり直弼の政策に反対な水戸浪士の行動だ
そして それは決して江戸時代にかぎったことではない……
この平成の世でも……

葛飾署ニコニコ寮
ワイワイ
はは…
あははは…
ははは…
ははは…
ガヤガヤ
どかどか
イラ
イラ
馬
うるせーぞっ こっちは考えごとしてんだ!!
ガラ
ったく
馬
門限におくれちゃって玄関しめられちゃってさ通してよ!
門限破りか……
飲み屋でもりあがってさ
う～～酒くさい～
わしは競馬で大負けして酒も飲めないというのに…

バキッ
ヒック
カチャ
わしの作りかけのプラモデル
おう！飲み会どうだった？
バタッ
もりあがった！もりあがった!!
もうガマンできん
ねむ……
きさまぁーっ何だ!!そのカッコは!!
だって寮内じゃん
警察官がなんたるざまだ!!

両さんメモ

1854年に東海地方で地震が相次ぎ、翌年には江戸でも大地震が起きた(安政の大地震)。地震は地底のなまずが動いて起こると考えられていて、地震の後、なまずを押さえている絵が飛ぶように売れたという。開国や地震などで人々は不安だったんだ。

大原部長

葛飾署の部長で亀有公園前派出所の班長。よく騒動を起こす両さんに頭をいためている。

両さんメモ

1862年、横浜と長崎に写真館が開かれた。長崎に開業した上野彦馬は、高杉晋作や坂本竜馬の写真を撮影しているんだ。日本ではじめて写真機を手に入れたのは、彦馬の父親だといわれているぞ。当時の写真は1枚撮るのに何分もかかったんだぜ。

※修好とは、国と国とが親しくすること。

両さんメモ

幕末には船で遭難して外国人に助けられ、外国に行き生活した人もいた。大黒屋光太夫はロシア、ジョン万次郎とジョゼフ・ヒコはアメリカに行った。日本に帰ってきてからは海外での生活を生かして、通訳や教師として活躍した。

59 日米和親条約が結ばれる

なるほど
ごまかすつもりか……
全員 廊下に出ろ!!
家宅捜査だ!!
えっ
ビリ
く〜〜っ
あの衣装
新撰組だぜ
あ〜〜
俺のグッズが……
京都の治安を守るため
京都守護職(幕府の役職)の
もと 1863年
組織された新撰組
尊攘派の弾圧に
大きな働きをして
おそれられた
特に近藤勇らの
新撰組の隊士が
尊攘派の志士を
多く死傷させた
池田屋事件は有名

両さんメモ

幕末の京都の治安を守るために結成された新撰組。もとは武士ではない者が多かったが、彼らは腕の立つ集団としておそれられていた。最後まで戦い抜き、小説などでも人気の高い新撰組副長土方歳三も武士ではなかったぞ。

ガラ
貴様門限破り！
こっこれおみやげ……
あとこれも…
両さんこれ
わかった大目に見よう
両さん受け取って
このわいろ作戦はとても効果があった
ははは風紀委員はやめられないぜ
ははは
は。はは

両さんメモ

1867年、フランスのパリで万国博覧会が開かれた。この万博には江戸幕府も出展していて、徳川慶喜の弟・徳川昭武が使節として、パリに派遣された。浮世絵やお茶を出品したというぞ。薩摩藩（鹿児島県）や肥前藩（佐賀県）も出展したんだ。

※天に代わって罰をあたえる意味。

幕末

江戸時代末期の動乱

この章では1853年〜1867年

※ペリーは琉球などによってから浦賀にやって来た。

アメリカ海軍のペリーが、4隻の軍艦（黒船）で浦賀（神奈川県）にやって来ました。
大砲でドカンとやられたら…
戦っても勝てるのか？
すげえでかい船だぞ！
武士として戦いぬくぞ!!
今すぐには決められません 1年後に回答します
幕府は回答をのばして朝廷や有力大名の意見を聞いたけど……
1854年、今度は7隻の軍艦を率いて、ペリーはやって来ました。
結局 意見をまとめられずに 1854年に開国を受け入れる回答したの
幕末の開港地
日米和親条約(1854年)での開港地 下田(静岡県) ※箱館(北海道)
日米修好通商条約(1858年)での開港地 箱館 神奈川 長崎 新潟 兵庫
箱館
新潟
兵庫
長崎
下田
神奈川
※明治以降は函館と書く。
日米和親条約を結んで日本は約200年ぶりに開国した

	できごと
日本	江戸時代
1853	ペリーの来航
1854	日米和親条約
1856	渋染一揆が起こる(岡山藩で差別に苦しむ人々が起こす) ハリスが下田に領事館を開く
1858	日米修好通商条約 十四代将軍に徳川家茂就任 安政の大獄(〜1859)
1860	桜田門外の変が起こる
1862	坂下門外の変が起こる 将軍家茂と和宮が結婚する 島津久光の幕政改革 生麦事件が起こる 京都守護職設置される
1863	新撰組結成される 長州藩が下関で外国船を砲撃 薩英戦争が起こる 八月十八日の政変
1864	海軍操練所設置される 池田屋事件 禁門の変が起こる 第一次長州征討 4か国連合軍が長州藩に報復
中国	清
朝鮮	李氏朝鮮

こち亀パトロール 黒船にびっくり!!

長い鎖国政策と平和な世の中に慣れていた人々は、突然やって来たペリーにびっくり。まっ黒な軍艦を、人々は黒船と呼んだんだ。戦争になるのかとパニックも起こった。当時の状況を表した落首がある。

泰平の 眠りをさます
上喜撰(蒸気船)
たった四杯で 夜も眠れず

上喜撰とはお茶の名前で、お茶を飲み過ぎると眠れなくなることと、蒸気船が来て、不安で眠れないことをかけた内容になっているぞ。

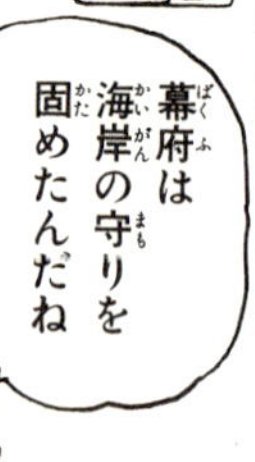

開国の影響

開国に反対する人も多くいました。外国勢力を取りのぞこうとする攘夷論者などがそうでした。長州藩士の吉田松陰もそのひとりで、※塾で尊王攘夷の思想を教えていました。

門下生には高杉晋作、木戸孝允、伊藤博文、山県有朋らがいて、明治維新に大きな影響をあたえました。

吉田松陰
(1830〜1859)

※松下村塾という。

- 1865 坂本竜馬、海運会社「社中」を作る
- 1866 薩長同盟成立する
  - 第二次長州征討
  - 十四代将軍家茂が亡くなり、徳川慶喜が十五代将軍になる
  - 孝明天皇が亡くなる
- 1867 明治天皇が即位する
  - 「ええじゃないか」大流行
  - 大政奉還
  - 坂本竜馬暗殺される
  - 王政復古の大号令

東京湾の品川沖に、砲台を作って防備にあたりました。これが御台場です。

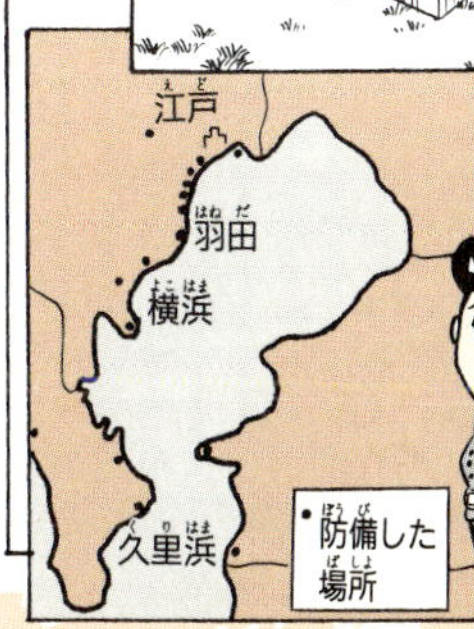

将軍のあとつぎ問題

〈紀伊〉
徳川慶福(家茂)
(1846〜1866)

〈水戸〉
一橋慶喜
(1837〜1913)

十三代将軍・徳川家定には、子がいなかったので、あとつぎ問題が起こりました。御三家の紀伊藩の慶福と水戸藩の慶喜が候補でした。

大老・井伊直弼
(1815〜1860)

安政の大獄

日米修好通商条約

1858年、アメリカとの間で条約を結びました。この条約で、神奈川、兵庫、箱館、長崎、新潟を開港し貿易が始まりました。他にも※四か国と同様の条約を結んだので安政の五か国条約といいます。

なやみの種になる 不平等条約

安政の五か国条約は、日本にとって不利な不平等条約でした。以下の点が不平等でした。

①外国人が日本の居留地内で犯罪をおかしても、日本の法律では裁判できない。〈治外法権をみとめた〉

②輸入品にかける税金を日本が決められない。〈関税自主権がない〉

貿易が始まると、日本国内は生糸や米などが品不足になり、金貨も大量に海外へ持ち出されました。そのため、物価が上がり、人々の生活は苦しくなりました。

※オランダ、ロシア、イギリス、フランス

幕末の思想あれこれ

攘夷論
●外国の勢力を排除しようとする。国学が影響をあたえた。

尊王論
●天皇の権威を尊重する思想。

尊王攘夷(尊攘)論
●尊王論と攘夷論が結合したもの。攘夷がむずかしいとわかると、倒幕運動へと移行する。

公武合体論
●公(朝廷)と武(幕府)が協力して政治にあたる。

佐幕論
●幕府の政策を支持。おもに東北の諸藩。

桜田門外の変

安政の大獄により、井伊直弼への反対派の不満は高まりました。1860年、井伊は江戸城桜田門外で、水戸脱藩の浪士たちに暗殺されました。

各地で、打ちこわしや百姓一揆が起こりました。

公武合体の動き

井伊直弼の死後、幕府は朝廷と結びつきを深め、外交問題にあたろうと考えました。そのため、十四代将軍・徳川家茂と孝明天皇の妹・和宮が結婚することになりました。

坂下門外の変

将軍と和宮の結婚を実現させた、老中・安藤信正が尊攘派の志士におそわれました。

薩摩藩の動き

島津久光
(1817〜1887)

幕政の改革

1862年、朝廷の命令をもらった久光は、江戸に向かい、幕政改革を要求しました。

一橋慶喜を将軍後見職につけ、公武合体を軸に、参勤交代の緩和や陸海軍の創設などの改革にのぞみました。

まずは京都へ

島津久光は、兵を率いて京へ上り、朝廷から幕政を改革する命令をもらいました。

寺田屋事件

一部の薩摩藩士による挙兵計画を耳にした久光は、思い留まるよう説得しましたが、京都寺田屋で乱闘となり、結局藩士たちは殺害されました。これが寺田屋事件です。

生麦事件と薩英戦争

幕政改革の目的を達して、島津久光が江戸から薩摩へ帰る途中、横浜付近の生麦村に通りかかりました。その時、久光の行列を、馬に乗ったイギリス人が乱しました。当時、大名の行列を乱すのは死に価する無礼だったため、薩摩藩士がこのイギリス人3名を殺傷しました。

イギリスは藩士の処罰と賠償金を要求しましたが、薩摩藩は断ったので戦争になり、薩摩は砲撃を受けました。

長州藩の動き

1863年、長州藩は攘夷を実行するとして、下関で外国船を砲撃しました。しかし翌年、アメリカ、フランス、オランダ、イギリスの4か国に報復されます。

八月十八日の政変

尊攘派は朝廷に働きかけ、挙兵倒幕を考えていました。これを心よく思わなかった薩摩藩・会津藩など公武合体派は、1863年8月18日、クーデターを起こし、尊攘派を朝廷からしめ出しました。

乱れる京都の治安 新撰組発足

尊攘派や公武合体派が入り乱れ、悪化した京都の治安を守るため、京都守護職のもと、新撰組が組織されました。警察的な役割を持ち、尊攘派の弾圧にあたり、その力はおそれられました。

こち亀パトロール

咸臨丸と勝海舟

日米修好通商条約の最終的な同意の手続きをするため、1860年にアメリカに使節が派遣された。その使節が乗った船は、オランダから買ったもので咸臨丸といったぞ。日本で初めて太平洋を横断した船なんだ。

艦長は勝義邦(海舟)だ。彼は帰国後、1864年に神戸海軍操練所を作り、海軍の育成をしたぞ。彼はこの後、幕臣として、大きな役割をはたすことになるんだ。

勝海舟
(1823〜1899)

長州征討

禁門の変（蛤御門の変）

朝廷をしめ出されたことに不服な長州藩は、1864年京都に攻めのぼり、京都御所の蛤御門付近で争いになりました。

第一次長州征討

禁門の変の後、朝廷は長州藩を討つように幕府に命令し、長州は戦わず降伏しました。

幕末の風雲児 坂本竜馬

坂本竜馬は土佐藩（高知県）出身です（後に脱藩）。江戸で尊攘の風潮にふれましたが、過激な尊攘運動には加わらず、幕臣の勝海舟にしたがい、海軍操練所に入りました。また、薩摩藩の援助で海運会社を作りました（後の海援隊）。

竜馬は、日本国内で争っている状態をよくないと思いました。そこで、新しい国を作るため、薩摩藩と長州藩が手を結んで倒幕にあたるべきと考え、中岡慎太郎とともに薩長同盟の成立に努力しました。

また竜馬は、8つの政策を土佐藩士後藤象二郎に、さずけます（船中八策）。その中に大政奉還の案もありました。

しかし、新しい時代を見ずに竜馬は暗殺されました。

外国からも攻撃される

前年に下関で砲撃したことに報復され、1864年、長州藩の砲台は破壊されました。

奇兵隊の活躍

高杉晋作（1839～1867）1863年に奇兵隊を組織する。

外国船を砲撃した報復を受け、長州藩は外国の軍事力を思い知りました。そこで、高杉晋作を中心に新しい軍隊・奇兵隊が作られました。奇兵隊は下級階級にとらわれず、武士や農民で組織され、第二次長州征討、戊辰戦争などで活躍しました。

高杉は松下村塾の門下生で、上海で海外情勢を見聞してきました。

※桂は後に木戸孝允と名乗る。

日本を変える力!?薩長同盟

坂本龍馬と、中岡慎太郎らが仲を取りもって、薩摩藩の西郷隆盛と長州藩の桂小五郎らが、京都の薩摩藩邸で会談しました。

そして、1866年、薩摩藩と長州藩は今までの争いをやめ、手を結ぶことになりました（薩長同盟）。

坂本竜馬（1835～1867）

第二次長州征討

再び軍備を整える長州に幕府は二度目の征討令を出すけれど

奇兵隊を組織するなど、幕府に対決姿勢を見せる長州藩に対し幕府は、1865年再度征討命令を出しました。

長州と同盟を結んだ薩摩をはじめ 各藩は長州攻めに応じなかった

幕府は、将軍家茂が自ら軍を率いて、長州征討に向かいました。

大政奉還

家茂の死で徳川慶喜が十五代将軍になった

徳川（一橋）慶喜

大政奉還の案

坂本竜馬 → 後藤象二郎 → 山内豊信 → 徳川慶喜

倒幕の考えの広まる中土佐藩主・山内豊信は幕府に ある意見を出した

ここはいったん朝廷に政権を返し天皇のもとで引き続き実権をにぎればいい

家茂に続き、公武合体をすすめていた孝明天皇も亡くなり、幕府は苦しい状態でした。

ええじゃないか

1867年、各地で民衆が「ええじゃないか」と歌い踊りました。伊勢神宮のお札が降ったといううわさから始まり、たちまち全国へ広がりました。一揆や打ちこわしもふえ、民衆が世直しを望む気持ちの表れといえます。

このころの世界の動き

1853〜1856年
●クリミア戦争。→ロシア対トルコ、イギリス、フランスの戦争。

1856〜1860年
●アロ　戦争。→清とイギリス、フランスの戦争。1858年、天津条約を経て1860年、北京条約で終結。

1857年
●インドでセポイ(傭兵)の反乱が起こる。

1858年
●イギリスがインドを併合。

1859年
●ダーウィン『種の起源』。

1861年
●ロシアで農奴解放令。

1861年
●イタリア王国成立。

1861〜1865年
●アメリカで南北戦争起こる。

1863年
●アメリカ大統領リンカーン、奴隷解放宣言。

リンカーン

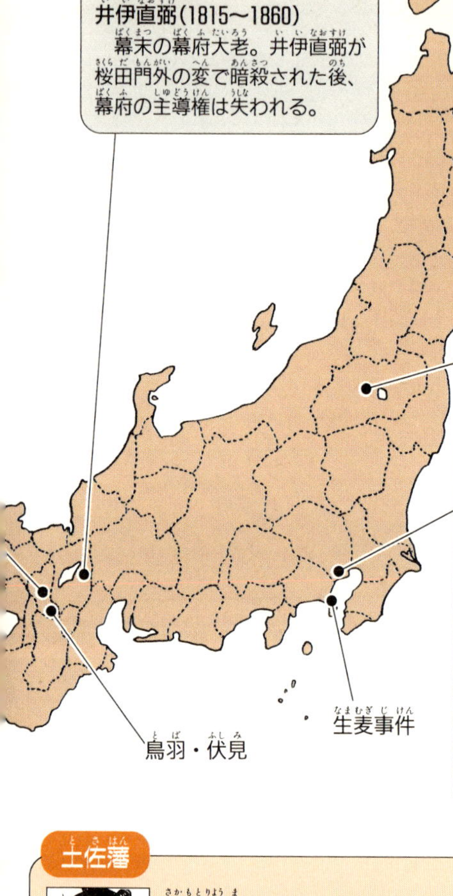

彦根藩

井伊直弼(1815～1860)
幕末の幕府大老。井伊直弼が桜田門外の変で暗殺された後、幕府の主導権は失われる。

会津藩

松平容保(1835～1893)
会津藩主で京都守護職。奥羽越列藩同盟の中心。

幕府

徳川慶喜(1837～1913)
江戸幕府最後の将軍。大政奉還を行う。

勝海舟(1823～1899)
幕臣。戊辰戦争では江戸無血開城を実現。

榎本武揚(1836～1908)
幕臣。五稜郭で最後まで新政府に対抗する。

土佐藩

坂本竜馬(1835～1867)
脱藩して勝海舟に航海術を学び、後に海運会社をおこす。薩長同盟を実現させ、大政奉還を推進するが、京都で暗殺される。

中岡慎太郎(1838～1867)
竜馬と薩長同盟を成功させるが、竜馬と共に暗殺される。

板垣退助(1837～1919)
倒幕運動に参加。明治に政治家として活躍。

幕末・維新人物マップ

長州藩

高杉晋作(1839〜1867)
尊王攘夷運動を展開。奇兵隊を率いて幕府軍と戦う。

桂小五郎(1833〜1877)
維新三傑のひとり。明治になって木戸孝允と名乗る。

伊藤博文(1841〜1909)
尊攘派の志士。明治時代の政治家で、初代総理大臣。

公家

岩倉具視(1825〜1883
公武合体の後、倒幕運動を起こす。

三条実美(1837〜1891)
尊攘派の公卿。八月十八日の政変で長州へと下る。

佐賀藩

江藤新平(1834〜1874)
幕末に脱藩して尊攘運動に参加。

副島種臣(1828〜1905)
佐賀藩の尊攘運動のもとを作る。

大隈重信(1838〜1922)
尊攘派。藩では財政改革を進言する。

薩摩藩

西郷隆盛(1827〜1877)
維新三傑のひとり。尊攘運動、倒幕運動を指導。

大久保利通(1830〜1878)
維新三傑のひとり。倒幕運動に参加。明治になって暗殺される。

両さんの
幕末ドタバタ騒動記
1854年
前年に浦賀に来航した
アメリカ使節ペリーは
今度は前より多い
7隻の軍艦で来航
江戸幕府に
開国をせまった
…………

※城下町でなく、村に住む武士。

竜馬は
さまざまな
人物に会い
海外の知識を得た
おしえて
～～～～
金もうけ
特に河田小龍は
アメリカ帰りの
ジョン万次郎を
取調べて話を聞き
竜馬に西洋事情を
伝えたといわれる
土佐 桂浜
竜馬は
江戸から
帰ってから
考えごとが
多くなったな
金もうけ
ぶつ
金もうけ
ぶつ
異国では
市民がみな
平等で
実力さえあれば
金持ちに
なれるという
しかし
今の日本の
制度では
ダメか…
日本を
変えるぞ!!
竜馬!!
各地で
尊王攘夷運動が
はげしくなり
血気さかんな若者が
武力行動を起こした

そして竜馬は土佐藩を脱藩する
藩をぬけるということは主君を裏切る行為であり大罪であった
待ってよ先輩!!
こんな田舎にいたら金などもうからん
江戸
今の幕府は情けない!!異人の言うがままだ
これも軍艦奉行並の勝海舟のせいだあいつがだらしない!!
よし わしが成敗してくれる!!
勝海舟か!!わしも行くぞ

左近寺竜之介

格闘技の鬼と呼ばれる警察官。格闘ゲームと恋愛シミュレーションゲームが好き。

その通り！ だから 今は異国から 技術を手に入れ 日本も同じ レベルになる ことが先だ!!
それに 異国から いろんなものを 手に入れれば 日本もうるおう
わしも うるおう
竜馬は 勝の門下生となり 航海術を学ぶ
勝の意見に 幕府も押され 1864年 神戸に 海軍操練所を設立
史蹟 旧海軍操練所跡
貿易で かせぐには 船をあやつれ ないと…♡
本格的に 航海士の育成に 乗り出した もちろん竜馬も 操練所に入る
1863年 強硬な 攘夷派の長州藩は 外国船に砲撃を しかけ 逆に翌年 下関が砲撃をあびる
こうした強硬姿勢は 反感を買い 薩摩・会津藩などが 中心となり 京都から長州藩を 追い出した (八月十八日の政変)
禁門の変が起こる

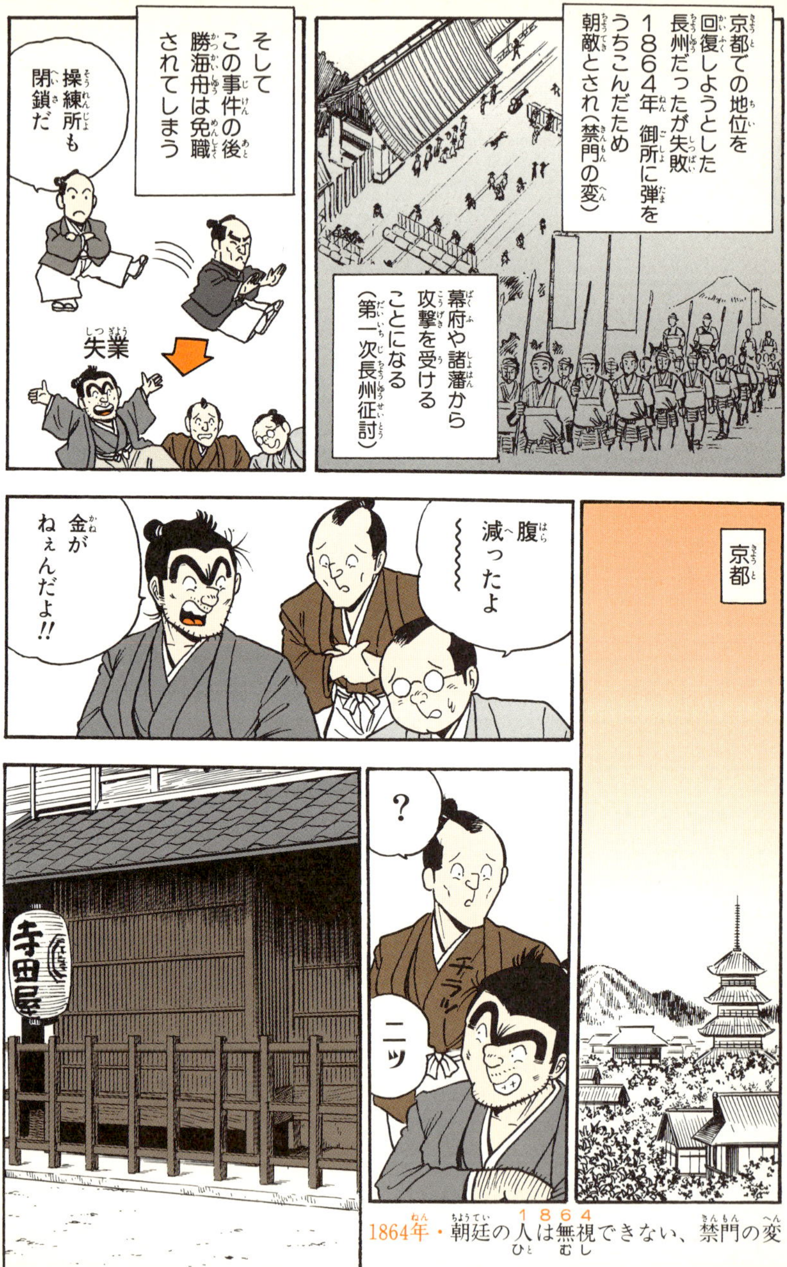

1864年・朝廷の人は無視できない、禁門の変

おーい お竜さん!! おかわり
ガツ
ガツ
はーい♥
め
竜馬が旅館 寺田屋に紹介したお竜
大変だ!!
ばか 裸になるとバレる!!
彼女は竜馬が襲撃を受けた時 危機をいち早く竜馬に伝えた
竜馬とお竜は日本ではじめて新婚旅行をしたといわれている
おい 金ができたから旅に出ようか
後のお竜
せっかく船をあやつる技術があっても船がないんじゃ貿易なんかできないよな
船を買う金なんてないし だれか貸してくれないかな
そうか リースだ

京都 薩摩藩邸
当時 薩摩藩は幕府に対して強い影響力を持っており長州征討でも中心となった
また薩英戦争の後イギリスと親密になり武器を買うなどしていた
たしかおはんは勝さんの所にいた坂本ちゃん
ちゃ・ん・はやめろ竜馬だ!!
西郷隆盛 幼名 吉之助(大原部長)薩摩藩士
それで何の用やっとな?
船を貸してくれ
二度の失脚の後薩摩藩の尊攘・倒幕運動の中心的人物となる
わしらはその船で貿易してかせぐ薩摩もわしらもうるおうし武器も買って強くなる!!

船貸して
ちょんまげ
肩こって
まんなく
さつま
はやと!
あんたが
サイゴー!!
もうかり
まっせ
やがて竜馬は
日本初の海運会社
「社中」(後の海援隊)を
長崎の亀山に設立
そして本格的に
貿易に乗り出す
長崎の
商人の館 グラバー邸
ははっ
もうかる
ぞ!!
京都
おい
もうけは等しく
分けるん
だったよな
もっ
もちろん
これは
会社の金だ
千両箱
千両箱
千両箱

まだまだもうかるはずだ もっともうける方法は……
新撰組だ!!
しかし幕府の目があるから 派手な貿易は…
新撰組―― 京都の治安を守るため結成された浪人集団
近藤勇を局長として 尊攘派の志士を取りしまり ※壬生浪と呼ばれおそれられた
※壬生は新撰組の駐屯所のあった場所。
やばい! にげろ!!
もうけをごまかすには…
何だアイツ?
金もうけ
金もうけ
すごい度胸だ……
なるほど こそこそにげるより 堂々とした方がいいわけか

だれだ こいつ…
寺田屋
長州藩の桂小五郎です
めし
桂小五郎 後の木戸孝允 (中川圭一)
長州征討で降伏し 一時 幕府よりになった長州藩だが
高杉晋作
桂小五郎
高杉晋作らが奇兵隊を結成し実権をにぎり再び倒幕へと動き出した
私たちの藩にも武器を売ってくれないか
無理だなァ 幕府から長州には武器を売るなと言われてる
薩摩の名前で武器を買い それを長州に売る
外国人商人
禁止
長州
薩摩
これはもうけるチャンス
そこを何とか礼はする
何ッ 礼か!?

 大政奉還が行われる

1867年・いやだむなしく、大政奉還

待てーっ
くそっ どけっ 行った!?
まいったな……
こりゃ なんとか しないと……
おのれ 竜馬!!
これは 桂のダンナ
お主の売った武器は 薩摩のものだな 長州は薩摩を 憎んでいる! 長州征討や 八月十八日の政変の 中心は薩摩だ!! 幕府より薩摩憎しだ!!

あっ
竜馬
うわーっ
おぬし
いったい
いくら
もうけた!?
くっ
やばい!
私は
こっちから
先回りを
する!!
よしっ

うわっ
竜馬 かんねんしろ!!
かたじけない
こちらこそ
こうして竜馬の活躍で不可能といわれた薩長同盟が成立 その後の日本を動かす力となる
二藩で見はってないとな
キラ
キラ
日本の夜明けだ
竜馬の仲立ちにより結ばれた薩長同盟で日本は変わっていく
また竜馬は大政奉還の策を考えた
しかし 明治の世を見ずに竜馬は暗殺されて短い一生を終えた

絵崎教授の特ダネファイル

日本に近づく外国船

15世紀の末からヨーロッパでは、スペインやポルトガルが世界各地に進出し始めた。日本に鉄砲を伝えたポルトガル人が種子島に漂着したのもその動きの表れだ。

その後、フランス、オランダ、イギリスなども力をつけ、アジア・アフリカに進出し始めた。そして多くの植民地を持ち、香辛料やお茶を安く手に入れていた。そうしてまた国内を富ませ、国力を上げていった。アメリカはイギリスの植民地だったが、1776年に独立宣言を発表している。

18世紀後半に入って、工場の機械の発明や改良が続き、工業生産がふえ、社会の様子が変わる産業革命がイギリスから始まった。こうしてヨーロッパ諸国は、安い原料と作った工業製品の市場を求めて、さらにアジア、アフリカ、南アメリカに進出していくことになる。アメリカもヨーロッパ諸国のように海外に進出していった。

こうした流れの中で、ヨーロッパ諸国はアジアにある日本にも、貿易を求めるようになり、沿岸に外国船が近づくことになったわけだ。しかし、当時の日本は鎖国中。なかなか外国の要求はのまなかった。

アメリカは、太平洋を横断する船の燃料などの補給地として、日本に目をつけ、ペリーを使節として日本に開国をせまった。

強引に日本を開国させたアメリカだったが、幕末の動乱期にはあまり関わっていない。それは、1861年からアメリカ国内で南北戦争が起こり、海外どころではなくなったからだ。

南北戦争の時のアメリカ大統領は、有名なリンカーンだ。

1868年～1912年

明治時代

富国強兵・殖産興業

北海道庁旧本庁舎

明治時代 その1
―両津維新で大騒動の巻―
運輸全般
黒船屋
TEL 03(00XX)1234
KUROFUNE
IZUZU
派出所
まいった! またパチンコで負け……
両津!! どこへ行っとった!?

両さんメモ

1871年、郵便制度ができた当初は、距離によって料金が変わっていたが、1873年には全国同じ値段になって、はがきもできた。当時の郵便ポストは木でできていて、黒か緑色だった。鉄の赤いポストは1908年から置かれるようになった。

集英病院
両ちゃん大丈夫かしら
医者はたいしたことないと言っているんですが
ともかく私の責任だ
う〜ん
気がついたか!!
先輩!!
大丈夫なのか!!
どんな具合?
………

みなさん何をやっているのですか!!今は勤務中ですよ!!仕事しなくては
……?
……?
亀有公園前派出所
両ちゃん…どうしたのその格好………
さわやか～っ
警察官たるもの身だしなみは大切ですからね
これが警察官の正しい服装です
コロンの香り………

中川巡査と
麗子巡査
君たちの服装は
規則に反し
ますよ
警察官は
規則を
守らないと
やっぱり
おかしいわ
両ちゃん…
先輩
もう少し
入院していた
方が……
自分は
あたり前の
ことを
言っただけです
ん
何です!
この机!!
おもちゃと
ギャンブル
関係の
物ばかり
情けない
こんな警察官が
いるなんて!
おのれの快楽と
欲望のみで
生きているヤツは
許せない!!
両ちゃんの
物だと
教えま
しょうか…
この顔に
ピン
110番
パチンコファン
馬

両さんメモ

1871年、皇居の旧本丸で正午を知らせる大砲をならすことになった。現在では、ほとんどの学校や役所は土曜日は休みだが、少し前までは土曜日はこの号砲の時間まで半日、働いたんだ。官庁が日曜休みの土曜半休というのは、1876年に決まった。

黒船の来航により日本は開国することとなった
幕府はたおれ争乱の末に新しい時代になった
そして生活や政治は急激に欧米化されていく
いいぞ まさに両津維新だ!!
それでは仕事だ! 麗子巡査は調書の整理を
自分は放置自転車の撤去に向かいます
中川巡査は家出人の捜索! 寺井巡査は…
ホント まるで正反対…
うんうん 実にいい!!

両さんメモ

今も人気歌手のいる演歌。これはもともと自由民権運動から生まれたものなんだぜ。民権運動の壮士たちが、演説に節をつけて歌ったことが始まりだという。時代の風潮を多分にふくんだ政治的なものから、次第に流行歌のようになった。

1877年・西南戦争、イヤな内戦

それなら自分が処分しました 派出所には不用のものですから
両津
しかしあれはわしの大切な
ここは公共の派出所です しかも神聖な職場です
よって仕事に関係ない物は処分します
きゃっ 私の化粧品
これは!!
ミステリー文庫
ポテトチップス
アーモンドチョコ
警察官たるもの市民の手本とならねばなりません
そうですね部長!?
たしかに… しかし息ぬきは必要だし…
何を言ってるんですか! 警察がしっかりしないでだれが市民の安全を守るんですかっ!!
はっ はあ

部長がしっかりしてくれないとこまります
はぁすみません
両津もう一度病院へ行って検査してこい
そうした方がいいわ
自分はどこも悪くありません
さっ仕事!!警察官はいそがしいんです!!
こら 自転車のふたり乗りはいかん!!
パァーー!

コン
両津大丈夫か
先輩
いててて…
何で わしは こんな堅苦しい カッコをしてるんだ…?
こらっ両津!! おまえ また サボって
こうなったら もう一度 頭を 打って!!
やめて くださいい 部長
やめて!!
?
馬

明治時代・その1
1868年～1912年
明治維新と文明開化

王政復古の大号令

約1年続く内戦 戊辰戦争

戦いの起こった1868年は、干支で戊辰の年にあたるので、新政府と旧幕府の一連の戦いを戊辰戦争といいます。

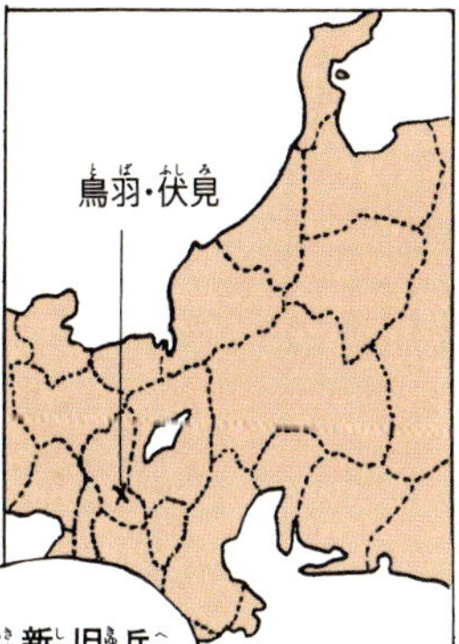

数では有利だった旧幕府軍も、新政府軍の使う新式の銃に敗れていきました。大坂にいた徳川慶喜は、ひそかに江戸へのがれ、旧幕府軍は総くずれになりました。新政府軍は、西郷隆盛を中心に、江戸へと進撃していきます。

こち亀パトロール
勝てば官軍

官軍とは、朝廷方の軍隊という意味だ。薩長軍に官軍の印として、天皇の旗（錦の御旗）が上がった。これで、徳川慶喜は朝敵となった。

尊王思想の強い水戸藩出身の徳川慶喜には、つらいことだったろうな。

日本	できごと
	1867 大政奉還・王政復古の大号令
明治時代	1868 戊辰戦争始まる　五箇条の御誓文　五榜の掲示
	1869 版籍奉還　東京横浜間電信開通
	1871 郵便制度できる　廃藩置県　解放令出される
	1872 学制の公布　新橋・横浜間に鉄道開通　太陽暦を採用
	1873 徴兵令出される　地租改正
	1874 民撰議院設立の建白書　台湾へ出兵
	1875 ロシアと樺太・千島交換条約を結ぶ　※江華島事件が起こる
	1876 朝鮮と修好条規を結ぶ
	1877 西南戦争
	1879 沖縄県ができる
	1881 国会開設の勅諭が出る　自由党できる
中国	清
朝鮮	李氏朝鮮

※江華島(日本語読み)。

江戸開城

旧幕臣※の勝海舟は、江戸総攻撃を計画していた、新政府軍の西郷隆盛と話し合い、平和的に江戸城をあけわたしました(江戸無血開城)。

勝海舟

彰義隊の抵抗

勝・西郷会談

奥羽越列藩同盟

※幕臣…幕府に仕える者。旗本や御家人。

1882 立憲改進党できる
1883 鹿鳴館できる
1885 内閣制度ができる
1886 義務教育が4年になる
1888 市制・町村制がしかれる
1889 大日本帝国憲法が発布される
1890 教育勅語が出される

勝と西郷の決定に不服な旧幕臣たちは、彰義隊を結成して上野寛永寺を拠点に戦いました。しかし新政府軍に制圧されました。

東北や北越の諸藩は同盟を組んで、新政府軍に抵抗しました。この同盟は、独立政権を作ることも考えていました。

武力で制圧しようとする新政府軍に対して、会津藩は少年兵の白虎隊や女性による娘子軍なども組織して戦いました。白虎隊の少年兵は、まだ16・17歳で、多くは戦死し、生き残った者もお城が燃えていると思い、自殺するという悲劇が起こりました。

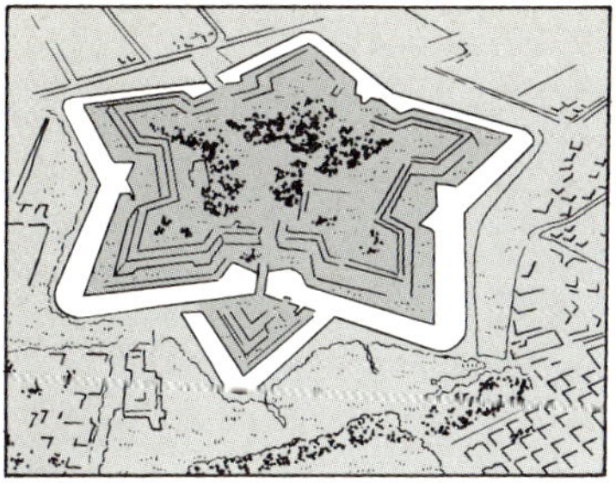

▲函館（箱館）にある五稜郭

榎本武揚

五稜郭の戦い

五稜郭は、1864年に完成したオランダ式の城郭です。旧幕臣の榎本武揚らは五稜郭に入り、蝦夷地（北海道）に独立共和国を作ろうとしました。しかし、新政府はこれをみとめず、箱館で戦いになり、榎本らは降伏しました。これが戊辰戦争、最後の戦いでした。

新政府の政治

1868年、会議を開いて広く意見を聞くことや外国から知識を取り入れるなど、新しい政治方針が発表されました。一方、民衆には一揆やキリスト教をこれまで通り禁じた、五榜の掲示が出されました。

制度

四民平等

政府は身分制度を改め公家と大名を華族、武士を士

大名

東京が首都に

京都

首都

東京

江戸の名を東京に改めて都とし、天皇をむかえました。年号も明治と改められ、1868年が明治元年です。

版籍奉還

政府は権力を強めようとしました。1869年、全国の藩主に土地(版)と人民(籍)を天皇に返させました。これを版籍奉還といいます。藩主は知藩事に任命され、旧領地をおさめたので、以前の体制は残りました。

そこで政府は、中央集権の体制を強めようと、1871年にすべての藩を廃止し、府や県を置きました。政府は藩から抵抗があっても、武力でねじふ

新しい

族、農民や町人を平民としました。異なる身分の間での結婚、職業選びなどの自由がみとめられました。えた・ひにんの身分も廃止されましたが差別は残り、差別からの解放を目指す運動も進みます。

教育の変化

1872年、学校制度に関するきまりの学制を公布し、すべての国民に教育を受けさせようとしました。

しかし、子どもは家での重要な働き手で、授業料も負担で、初めはうまくいきませんでした。次第に制度が整えられます。

授業の様子▶

朝廷

せようと、約1万の兵を集めましたが、ほとんど抵抗はありませんでした。知藩事に代わって、政府が任命した県令(後の県知事)が派遣されました。これを廃藩置県といいます。これにより、全国を政府が直接支配する中央集権の体制ができました。

徴兵令と地租改正

欧米に対抗できる強い国を作ろうと、富国強兵の政策が進められました。1873年、徴兵令を発布し、20歳以上の男子は軍隊に入ることを義務づけました。また、租税制度も改められました。土地の値段(地価)を決め、土地所有者は地価の3%を現金で納める方法になりました(地租改正)。

農民たちの税の負担は重く、兵役も加わって苦しい生活でした。徴兵令や地租改正に反対する一揆が、各地で起こりました。

欧米の制度を勉強しよう 遣欧米使節団

岩倉具視（1825〜1883）

1871（明治４）年、岩倉具視を代表とする使節団が欧米に派遣されました。目的の条約改正はできませんでしたが、欧米のすぐれた文化や制度を学んで来ました。

津田梅子（1864〜1929）
帰国後、女子教育につくす。

岩倉使節団には、大久保利通ら政府役人の他に多くの留学生が同行しました。女子留学生も5人いて、最年少の津田梅子はまだ満7歳でした。梅子は後に、津田塾大学を創設しました。

文明開化

れんが造りの建物が建ち、鉄道が開通し、ガス灯もでき、都市の生活は変わりました。

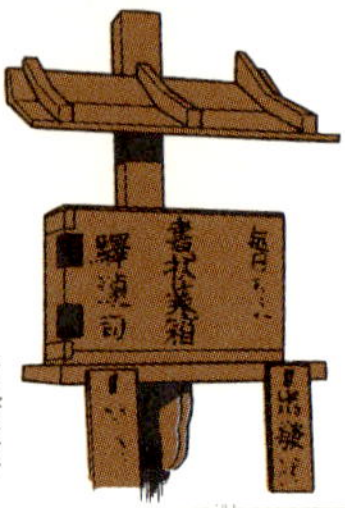

▶ポスト。郵便制度もできた。

殖産興業

政府は工業を発展させようと、各地に官営工場を作り、製糸業、紡績業などの機械化を進めました。これを※殖産興業といいます。

※富国強兵と殖産興業は、明治政府のスローガン。

生活や文化を欧米風にする文明開化の動きがさかんになりました。

▶ガス灯

▶鉄道。新橋〜横浜間開通。1872年

チョンマゲを切り、洋服を着る人や洋食を食べる人も増えました。

▶当時の電話機。

屯田兵と北海道開発

政府は1869年、蝦夷地を北海道と改称し、開拓使という役所を置いて開拓に力を入れました。農民や職を失った武士を北海道に移住させ、開拓や警備にあたる屯田兵としました。また、札幌に農学校を設立し、アメリカの農業技術の導入にも努めました。

外国人教師に学ぶ

欧米の進んだ技術や制度を導入するために、政府は多くの外国人を雇いました。こうしたお雇い外国人の中に、札幌農学校のクラークや、大森貝塚を発見したモースなどがいました。日本の近代化は、こうした外国人の力を借りて進められたのです。

クラーク

新政府の外交

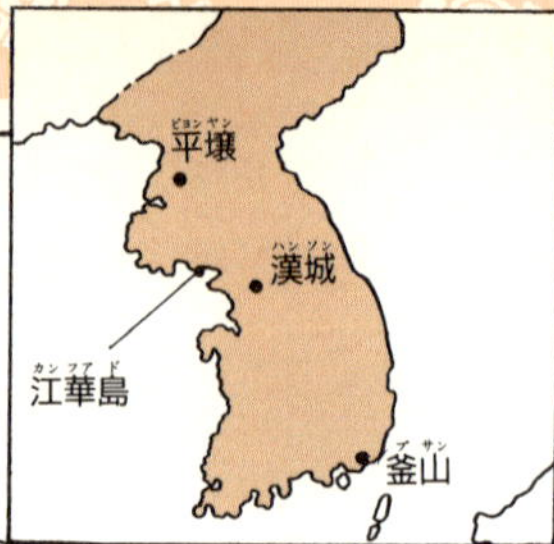

1871年、日本は清と対等な※条約を結びました。鎖国していた朝鮮に対しては、武力で開国をせまろうという征韓論（西郷ら）と、日本の国内を整備するのが先だという考え（大久保ら）が対立しました。

※日清修好条規。

沖縄県の誕生

西南戦争

西郷とともに政府を去った江藤新平は、1874年、佐賀の乱を起こした。

明治時代になると、徴兵令や廃刀令によって、武士の特権がうばわれました。支給されていた米や金もなくなり、商売に手を出し失敗する者もいました。生活は苦しくなり、士族の不満は高まりました。

朝鮮への進出

政府は征韓論をしりぞけながらも、1875年に朝鮮の江華島付近に軍艦を送り、朝鮮を挑発し攻撃させるという江華島事件を起こしました。攻撃されたのを口実として、日本は軍事力を背景に朝鮮に圧力をかけ、翌年、日朝修好条規を結ばせました。これは、朝鮮にとって不利な条約でした。

琉球は江戸時代、薩摩藩にも清にもしたがっていました。琉球を日本領にしたい政府は、まず琉球藩を置きました。台湾で琉球の民が殺される事件が起きると、台湾へ出兵し、清に琉球は日本領だと主張しました。そして1879年、琉球の人々の反対を軍隊でおさえ、沖縄県としました。

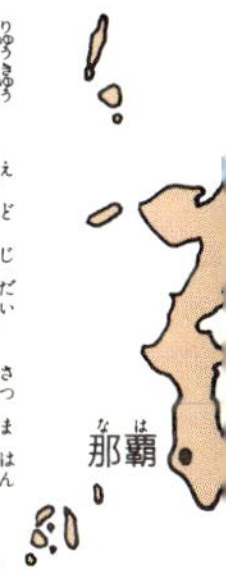

1875年、ロシアと樺太・千島交換条約を結び、樺太はロシア領、ウルップ島以北の千島列島全島を日本領としました。1876年には、小笠原を日本領と宣言し、各国にみとめられ、日本の領土が確定していきました。

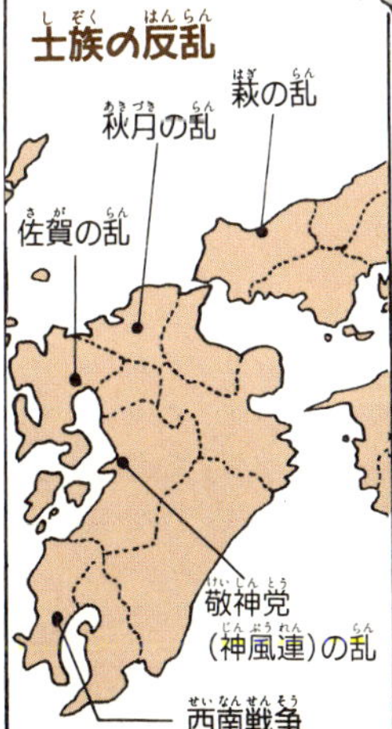

政府に対する士族の不満は、日に日に高まっていました。九州や中国地方では、あいついで士族が反乱を起こしました。

1877年2月、旧薩摩藩の士族たちは、西郷隆盛をおし立てて、鹿児島で反乱を起こしましたがはげしい戦いの末、やぶれました。この戦いは西南戦争といわれ、最大で最後の士族の反乱でした。

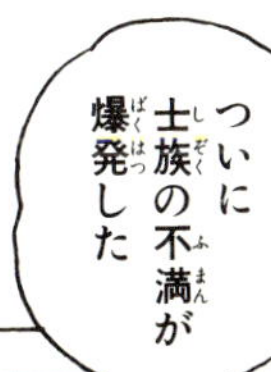

自由民権運動

自由と議会開設を求める運動を、自由民権運動といいます。

福沢諭吉(1834～1901)

▲3度、欧米を視察し、慶應義塾を開き近代教育に努める。自由主義を説くが、自由民権運動には批判的な立場をとる。

政府は自由民権運動をおさえながら、憲法作りを始めました。民間でも植木枝盛や中江兆民ら、独自の憲法案を考える人もいました。五日市(東京都)でも憲法草案が見つかっています。

伊藤博文(1841～1909)

▲ヨーロッパに渡り、憲法の勉強をする。憲法作りの中心となり、初代内閣総理大臣に就任した。

板垣退助と大隈重信

板垣退助は、国会開設の意見書を出し、自由民権運動を始めました。国会の開設が決まると、板垣は自由党という政党を作りました。また、大隈重信は立憲改進党を作りました。政党は演説会や新聞で、主張を述べました。政府の批判もしたので、政府は自由民権運動に対して、言論や集会の取り締まりをしました。

このころの世界の動き

1867年

●マルクス『資本論』刊行。

●ノーベル、ダイナマイトを発明する。

1869年

●スエズ運河開通。

1870年

●普仏戦争始まる→プロイセンとフランスの戦い。

1871年

●ドイツ帝国成立。→ビスマルクが権力をふるう。

1876年

●ベル、電話を発明する。

1877年

●イギリス領インド帝国成立。

1879年

●エジソン、電球を発明する。

※このころから、ヨーロッパの国々の植民地争奪が激化。

1882年

●ドイツ・オーストリア・イタリア、三国同盟を結ぶ。

1885年

●フランスがベトナム保護国化。

1886年

●イギリスがビルマを併合。

1887年

●インドシナがフランス領になる。

マルクス

大日本帝国憲法の発布

議会や選挙に備え、貴族院と衆議院を作り、市町村制を整えました。

自由民権運動は、士族、豪農、農民と広まり、次第に過激になりました。福島事件、加波山事件など政府と衝突も多く、自由党は解散しました。その後も、秩父事件などが起き、政府は徹底的に自由民権運動を弾圧しました。

※不景気で農民の生活は苦しく政府に不満があった。

両さんの花の東京・文明開化物語

ダッ
キキーーーッ
おい 着いたぜ
うわっ 殺される!!
ははは だから人力車は だめだ 欧米には そんなもんは ないぞ 時代は 鉄道馬車だ
るっせー この西洋 かぶれめ! こっちは 戸口から戸口の 真心輸送でいっ
こっちは 多くの人を 一度に 運べる

人力車じゃ ひとりしか 運べない だろ
てやんでいっ 見てろ!!
きゃっ
うわ
コテッ
ははは…
おじいちゃん また 馬車屋さんと ケンカしたんだって?
ふん あんな 西洋かぶれの 話はするな!
ずず…
津両
車屋

馬車屋さんとは先代から ケンカばかりですね 仲良くしてください 人力車だって文明開化の象徴ですよ
先代まではうちはカゴ屋 あっちは荷車屋だったんだ
それだけじゃねえ あいつは江戸ッ子のくせに官軍びいきだ!!
官軍 幕府軍の対立は根深いですね でも今は東京…
東京なんて言うなッ 江戸だあっ
けっ こちとらガキのころの近藤勇を知ってんだ バリバリの徳川派でい
近藤勇
それよりおじいちゃん そろそろマゲを落としたら? 今時いないわよ
ざんぎり頭をたたいてみれば文明開化の音がするってね
ふざけるな これが日本人の髪型だ!!
俺は西洋はでえっきれーだ!!
あら でも便利になったわよ

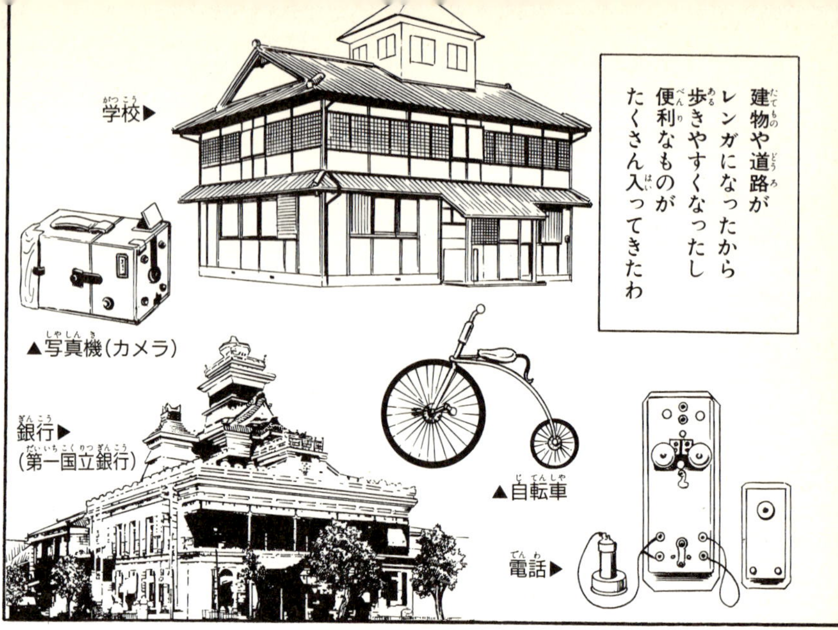

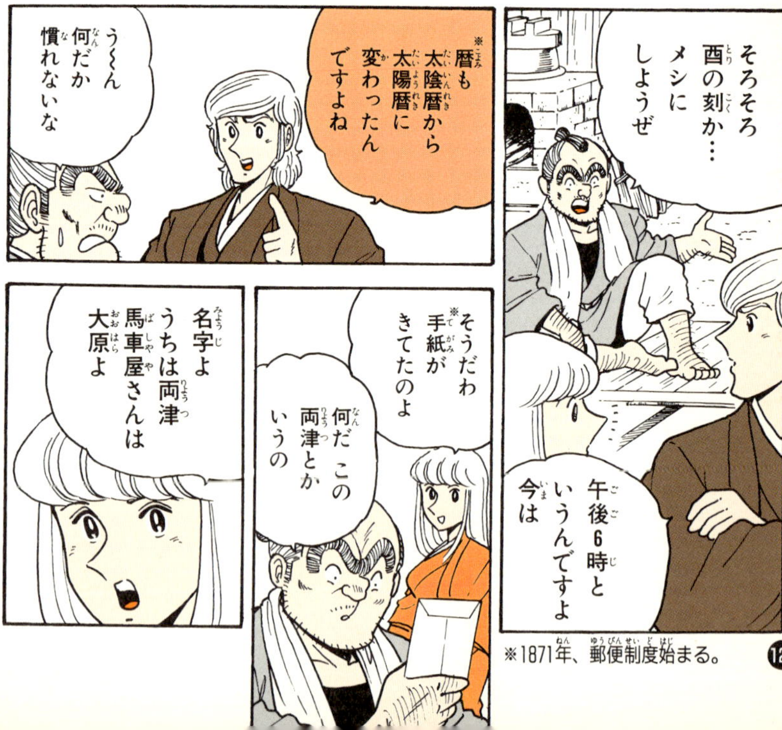

※月の変化をもとにする太陰暦から、太陽の運行をもとにする太陽暦に変わり、明治5(1872)年12月3日が明治6(1873)年1月1日になりました。

※1871年、郵便制度始まる。

そうか
武士以外でも名字が名乗れるんだっけ!!
さあ
ご飯よ!!
牛鍋……
庶民の生活も欧米の影響を受け大きくかわっていった
◀貨幣の統一
▶新聞の発行（1870年、横浜毎日新聞社発行）
▼ビール パン 牛乳
食の変化
◀雑誌の発行
◀時計
新橋まで
たのむ

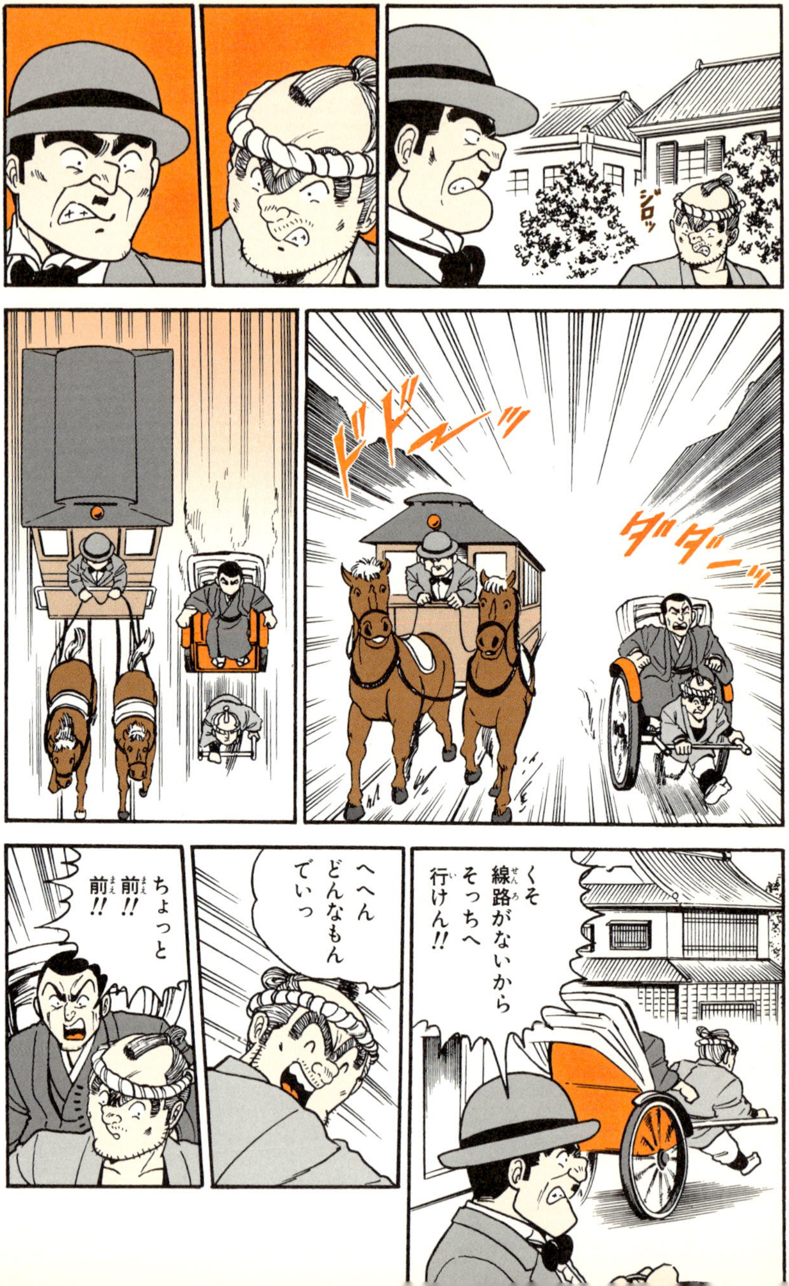
ジロッ
ドドーッ
ダダーッ
くそ
線路がないから
そっちへ
行けん!!
へへん
どんなもん
でいっ
ちょっと
前!!
前!!

うわわ――っ
ダンッ
※陸蒸気なんかに負けるか
勝てっこないって!
車がはさまって線路からにげ出せん!!
横浜まで止まるなっ
1872年新橋ー横浜間に鉄道が開通した
大阪ー神戸間も2年後に開通した

※汽車のこと。

絵崎教授の特ダネファイル

教育今昔物語

現在の日本では、だれもが教育を受けることができるようになっている。しかし、明治時代以前は、かぎられた人しか教育を受けられなかったのだ。

学校は奈良時代以前からあり、律令の整備とともに学校も制度化されてきた。しかし、平安時代までは、学校は貴族の子どもと地方の役人のためのものだった。

鎌倉時代に、学問は武士にも広まる。室町時代あたりから、寺院でもさかんに教育が行われた。これが江戸時代の寺子屋の下地になる。

江戸時代になると、幕府も各藩も旗本や藩士の教育に力を入れた。幕府は昌平坂学問所を作り、藩は藩学と呼ばれる学校を作った。

そして庶民の学校として寺子屋があった。寺子とは、学校で学んでいる子どものことを指し、寺院での教育から発展してきたなごりがある。

明治になって教育も制度化されていく。義務教育も始まり、すべての子どもが学校に行くように決められた。しかし、始めのころは、学校に通わせるお金がなかったり、子どもが一家の働き手だったりしたため、就学率（学校へ通っている子どもの割合）は上がらなかった。また、女子の就学率は男子よりかなり低く、男女の格差も問題だった。

教育関係の法律も、だんだんと改善されていき、義務教育が６年になった１９０７年ごろには、就学率も１００％に近づいた。

第二次世界大戦の後、現在の教育制度が確立したが、まだまだ課題も多い。

明治時代その2
—鹿鳴館でダンシング！の巻—
何だこの建物は!!
鹿鳴館よね
わが社の創立記念パーティーをやるのでどうせならと鹿鳴館を再現してみました
そのためだけに建てたのか!?
社の創立が明治ですし外国から大勢の客が来ますから
じゃあ盛大にダンスパーティーね

欧米各国と幕末に結んだ修好通商条約は日本にとって不利なもので改正を望んだが欧米諸国に相手にされなかった
※ノルマントン号事件
そこで欧米なみに文明が発達したとアピールするため外国人を招いた舞踏会が連日鹿鳴館で開かれた
※140ページ参照。
わしは踊りはパスだ!!
ダンスなんてできるか
その方がいいんじゃない両ちゃんがいるとメチャクチャになりそう
しかたないですね
料理はフランスの宮廷料理になる予定です
びくッ
さらにビンゴゲームでは1億円相当の賞品を用意しています
ハァ
ハァ
ハァ
わしも参加するぞ!!

何(なに)がおかしい!?
ダンス
じゃあ始(はじ)めましょうか
両(りょう)ちゃんステップがちがうわ
キュ
いたっ！足(あし)ふまないでよ!!

乙姫菜々（おとひめなな）

警視庁女性白バイ隊隊員で本田の恋人。愛野神女というペンネームの少女漫画家でもある。

両さんメモ

1882年、東京の上野にイギリス人コンドルの設計で博物館が造られた。コンドルの設計による建物はとても多いぞ。鹿鳴館も彼の設計だ。また、博物館と同時に上野に動物園もできた。鳥類がおもで、水牛などもいたという。

ジョディー アメリカ海兵隊員。美人だがなみの男よりはるかに強い。

ステップをまちがえると電気ショックが起こります
先に言え!!
いててーっ足ふまれた――っ
気をつけてください金属製なので重さは1トンあります
車なみ……
こいつはまちがえられんな
カタイ
ビビビビ
ぐわ
先輩スマイルですダンスには表情も重要です
すまいる
ひくひく
こうして特訓は続いた…………

ボルボ西郷
海外で傭兵をした後、警察官になる。ジョディーのことが好き。

両さんメモ

1912年、スウェーデンのストックホルムで第5回オリンピックが開催された。日本のオリンピック初参加はこの大会なんだ。参加国は27か国で、日本からは陸上の短距離とマラソンに一人ずつ、ふたりの選手が参加しているぞ。

※アンデルセンの童話。

明治時代・その2

1868年～1912年

大日本帝国憲法と近代戦争

> 第1条 大日本帝国ハ万世一系ノ天皇之ヲ統治ス
> 第3条 天皇ハ神聖ニシテ侵スヘカラス
> 第29条 日本臣民ハ法律ノ範囲内ニ於テ言論著作印行集会及結社ノ自由ヲ有ス

大日本帝国憲法

1889年、天皇が国民にあたえる形で、大日本帝国憲法が発布されました。多くの国民は、内容もわからぬまま喜びました。

この憲法では、天皇が大きな権限を持ちました。国民の自由と権利は、完全にはみとめられませんでした。翌年には教育勅語を発布し、※忠君愛国の精神を教えこみました。

※天皇に忠義をつくし、国を愛すること。

総理大臣　伊藤博文（長州）

外務大臣 井上馨（長州）	内務大臣 山県有朋（長州）	大蔵大臣 松方正義（薩摩）
陸軍大臣 大山巌（薩摩）	海軍大臣 西郷従道（薩摩）	司法大臣 山田顕義（長州）
文部大臣 森有礼（薩摩）	農商務大臣 谷干城（土佐）	逓信大臣 榎本武揚（幕臣）

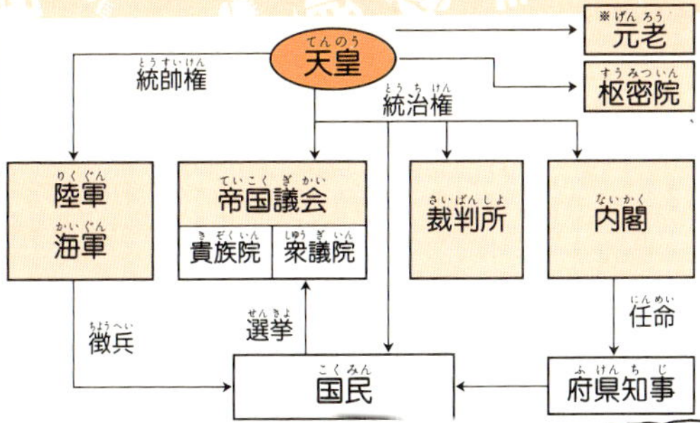

※天皇を非公式に補佐した。　枢密院 119ページ参照。

帝国議会と選挙

1890年、第1回総選挙が行われました。しかし、選挙権をあたえられたのは、直接国税を15円以上を納める25歳以上の男子だけでした。そのため選挙に参加できるのは、地主など国民の1.1％にすぎませんでした。この選挙では、自由民権運動をしてきた人が多数当選しました。

薩摩、長州など一部の藩出身者が政治を独占する藩閥政治が続いていました。

こち亀パトロール　特権階級の議員

1884年に華族の身分や権利を定めた法律、華族令が出されたんだ。公・侯・伯・子・男の5つの爵位が作られたぞ。

現在の国会は衆議院と参議院とがあるが、このころは衆議院と貴族院とに分かれていた。衆議院は選挙で選ばれた者、貴族院は皇族・華族、天皇に任命された者と多額納税者で構成された。公・侯の身分で25歳以上の者はすべて、貴族院議員になる特権があった。ちっとも平等じゃなかったんだな。

年	できごと
1890	第1回帝国議会が開かれる　北里柴三郎、破傷風の血清療法発見
1891	大津事件が起こる
1894	治外法権の廃止に成功　日清戦争始まる
1895	下関条約を結ぶ　三国干渉を受ける　樋口一葉『たけくらべ』
1897	足尾銅山鉱毒事件が社会問題になる　島崎藤村『若菜集』　志賀潔、赤痢菌を発見する
1898	初の政党内閣が誕生。大隈重信と板垣退助が中心
1899	清、義和団の乱が起こる
1900	治安警察法が公布される
1901	八幡製鉄所が操業開始　与謝野晶子『みだれ髪』
1902	日英同盟が成立する
1904	日露戦争始まる

日本	明治時代
中国	清
朝鮮	李氏朝鮮（〜1897）／大韓帝国（1897〜）

条約改正の道

1886年、イギリス船が難破した時、西洋人船員は助けられましたが、日本人乗客は全員死にました。不平等条約のために、イギリス人船長を日本人が裁けず、船長は軽い罪ですみ、治外法権廃止が望まれました。

上の絵はフランス人のビゴーが描いた風刺画の模写。

欧米の生活習慣を取り入れる政策を欧化政策という。

1905	ポーツマス条約 夏目漱石『我輩は猫である』
1906	島崎藤村『破戒』
1907	義務教育が6年になる
1910	大逆事件(社会主義者が弾圧される) 韓国を併合する
1911	関税自主権を回復する
(日本の植民地)	

甲午農民戦争

日本から不平等条約をおしつけられ経済が混乱し、税も重く、朝鮮の人々は苦しみました。1894年、東学という宗教を信仰する人々を中心に、農民が反乱を起こしました。農民軍は、外国勢力の追放と政治の改革を求めました。朝鮮政府は清に助けを求めました。

鹿鳴館▶
1883年に完成

不平等条約の改正は、政府の重要な課題でした。鹿鳴館という西洋風の建物を建て、外国人を招いた舞踏会を開いたり、外国人裁判官を採用するという改正案を作ったりしましたが、うまくいきませんでした。

条約改正の達成

陸奥宗光
小村寿太郎

条約改正の交渉がまとまりかけていた時、日本に来ていたロシア皇太子がおそわれる事件※が起こり、交渉は中断してしまいました。
その後も政府は条約改正の努力を続け、1894年陸奥宗光外務大臣の時、治外法権の撤廃に成功しました。関税自主権の回復は、1911年、小村寿太郎外務大臣の時まで実現できませんでした。

※大津事件といい、1891年に起こる。

日清戦争

日本も清に対抗して朝鮮に出兵しました。農民軍は、外国の勢力が入るのをきらい休戦しました。

日清戦争の講和条約 下関条約

日清戦争始まる

農民軍が休戦しても、日清両軍とも兵を引きませんでした。日本は朝鮮の改革案を出しますが、清・朝鮮両国から拒否されます。日本は朝鮮王宮を占領し、清に宣戦布告して、1894年日清戦争が始まりました。

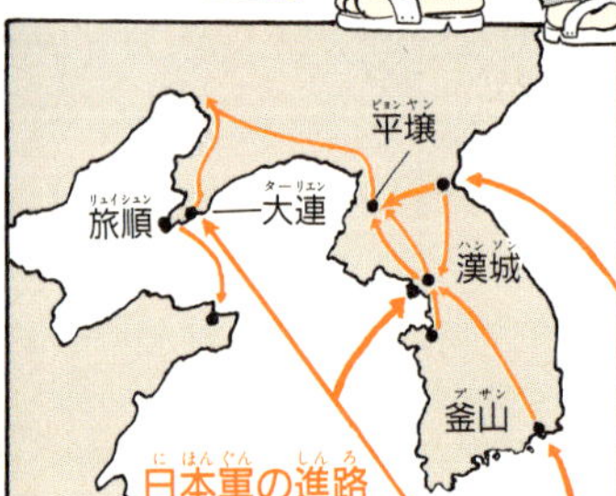

軍備の近代化を進めていた日本に対し、清は近代化がおくれていたこともあり、日本の勝利に終わりました。

日本軍は次々と
勝利して
いったんだ

下関(山口県)で講和条約が結ばれました(下関条約)。

この条約のなかみは、

- 朝鮮の独立をみとめる。
- 日本に台湾、遼東半島、澎湖諸島をゆずる。
- 日本に賠償金※をはらう。

などです。

※当時のお金で約3億円

三国干渉

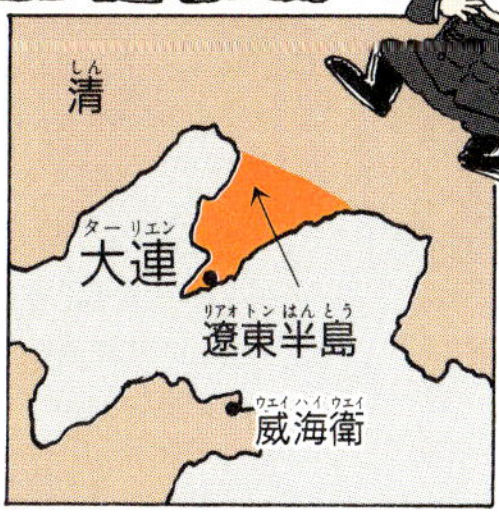

満州(中国東北部)や朝鮮からアジアに進出したいと思っていたロシアは、日本が朝鮮や清に勢力をのばすのを警戒しました。そこで、フランスとドイツとともに、遼東半島※を清に返すようにと日本に要求してきました(三国干渉)。

※遼東半島(日本語読み)。

帝国主義の侵略始まる 中国の分割

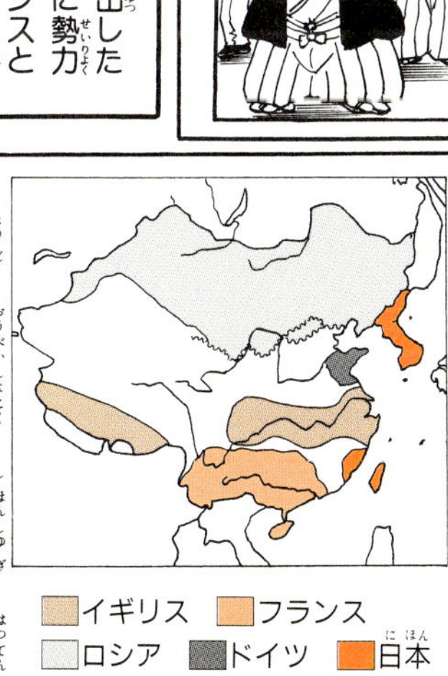

当時、欧米諸国は資本主義が発展し、市場や資源を得るため植民地をふやしていました(帝国主義)。日清戦争で、小国の日本に清が負けると、帝国主義諸国はいっせいに清に勢力をのばしました。1899年、清では外国勢力を追いはらおうと反乱が起こりましたが、日本、ロシア、イギリスなど8か国の連合軍におさえられました。これを義和団事件といいます。

産業革命

政府の殖産興業政策で、近代工業も発展しました。日本の産業革命は紡績業※などの軽工業から始まり、綿製品は自給自足し、輸出もできるようになりました。

▼日清戦争の賠償金をもとに作られた、官営八幡製鉄所。1901年に創業開始。

重工業は、軽工業よりおくれて発展していきました。一方、労働条件は悪く、労働者たちは労働組合を作り、労働争議も起こしました。しかし政府は、治安警察法を作り取り締まりました。

公害問題の始まり

工業の発展は、公害という問題を起こしました。足尾銅山(栃木県)の鉱毒が渡良瀬川に流れ出し、作物を枯せ、魚や家畜を殺しました。地元の衆議院議員の田中正造は、住民とともに鉱毒の被害をうったえましたが、政府の対策は不十分でした。

田中正造

日露戦争

満州はロシアの、朝鮮は日本の支配下に置くという交渉をしましたが、うまくいかず戦争が始まりました。

※糸をつむいで織ること。

日英同盟

満州から軍を引かないロシアと、朝鮮半島を支配したい日本の対立は深まりました。イギリスもロシアの勢力が南下するのを警戒していました。そこで、日本とイギリスは同盟を結んで、ロシアの動きに対抗することにしました。

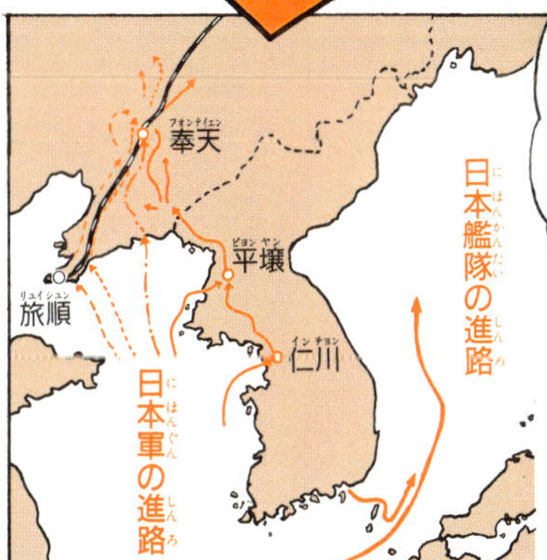

かき消される反戦の声

日本国内では、ロシアとの戦争を支持する声が多かったのですが、戦争に反対する声もありました。

キリスト教徒の内村鑑三、社会主義者の幸徳秋水らは戦争に反対し、歌人の与謝野晶子は、戦地の弟を気づかう歌を詠みました。

陸軍の戦い

日本とロシアとの戦いでしたが、満州と朝鮮半島が戦場になりました。※旅順や奉天では、両軍がはげしく戦い、多くの死傷者を出しました。日本は、何とか旅順を占領し、奉天でも勝利しましたが、日本の戦力は残っていませんでした。

※旅順・奉天。

海軍の戦い

日本海でも1905年、両軍が戦いました（日本海海戦）。日本の連合艦隊は、ロシアのバルチック艦隊をむかえうち、勝利をおさめ、この戦いの後、講和を目指すようになりました。

韓国統監府は、朝鮮総督府となり

ポーツマス条約

日本もロシアも戦争中は、国民の生活は苦しく、日本は財政難、ロシアは革命が起こり戦争を続けるのは困難でした。1905年、アメリカの仲立ちにより、アメリカのポーツマスで講和条約が結ばれました。

この条約で日本は、※韓国における日本の優位をみとめさせ、樺太の南半分を日本領にしました。また、ロシアが清から借りていた旅順、※大連とロシアが満州に建設していた鉄道の一部も日本のものとなりました。しかし、賠償金を取ることはできませんでした。

※大連。

日比谷焼打ち事件

日露戦争中、苦しい生活をがまんしてきた国民は、賠償金が取れないのを知ると不満を高めました。各地で講和反対の集会が開かれ、東京の日比谷では、警察や新聞社が焼かれました。この後も、国民は増税に苦しむことになります。

※朝鮮は、1897年に国号を大韓帝国と改めた。

韓国併合

日露戦争後、日本は韓国を保護国としました。統監府を置き、韓国の外交権や国内の政治の実権をうばいました。また、韓国の軍隊を解散させたので、兵士たちは農民とともに武器を持って立ち上がりましたが、日本はこれを武力でおさえました。1910年には、韓国を植民地とし、日本に併合し、韓国の人たちの自由をうばい、苦しみをあたえました。

日本の朝鮮支配の拠点となりました。

自由を奪う植民地政策

韓国併合の後、日本は朝鮮の人々を日本に同化させようと、日本語を使わせ、日本の名前に変えさせ、朝鮮の首都漢城も京城という日本名に変えてしまいました。土地をうばわれる人もいて、社会生活でも朝鮮の人々は、さまざまな差別を受け、日本人には朝鮮人をけいべつするまちがった考え方が広まり、朝鮮の人々を苦しめました。

こち亀パトロール

韓国の英雄・安重根

日本の初代内閣総理大臣である伊藤博文は、初代韓国統監でもあったんだ。日本は、武力で抵抗をおさえつけて、強引に韓国を支配しようとした。その中心にいるのが伊藤博文だと見なされ、うらみをかった。

そしてついに1909年、伊藤博文は満州のハルビンで暗殺された。暗殺したのは、安重根という青年で、逮捕され処刑された。でも安重根は韓国の人たちにとって、日本の支配に抵抗を示した英雄なんだ。韓国の切手にもなっているぞ。

明治の文化

夏目漱石
(1867～1916)

個人主義の立場の作品を書く。『吾輩は猫である』『坊っちゃん』『こころ』など代表作多数。

樋口一葉（1872～1896）

『にごりえ』『たけくらべ』など。

森鷗外
(1862～1922)

ロマン主義的作品を書き、晩年には歴史小説も発表する。『舞姫』『雁』『阿部一族』

与謝野晶子（1878～1942）

ロマン派の歌人。情熱的な短歌を詠む。『みだれ髪』

島崎藤村
(1872～1943)

初めはロマン派詩人で、のちに自然派小説を書く。『若菜集』(詩集)『破戒』(小説)

正岡子規は写生中心の俳句を、石川啄木は生活に即した短歌を詠みました。

滝廉太郎（1879～1903）

名曲を残した作曲家。『荒城の月』『花』

科学の発達

北里柴三郎
(1852～1931)

野口英世 (1876～1928)

明治になると医学や化学、物理学などの自然科学も発達しました。

特に医学、細菌学の分野では、世界的な発見をする日本人研究者も出ました。

北里柴三郎はドイツに留学し、破傷風の治療法を発見して帰国後、伝染病研究所を作り、ペスト菌を発見

このころの世界の動き

1891年

●ロシアとフランスの同盟が成立する。

1894年

●朝鮮で甲午農民戦争が起こる。

1896年

●第1回近代オリンピック大会がギリシアのアテネで開催される。
→参加13か国。

1898年

●フィリピンがアメリカ領となる。

1899年

●義和団事件が起こる。

1901年

●義和団事件の事後処理のため、北京議定書が調印される。

1903年

●アメリカのライト兄弟、飛行機を完成させる。

1905年

●ロシアで血の日曜日事件をきっかけに、第一次ロシア革命始まる。

1907年

●イギリス・フランス・ロシアの三国協商が成立する。

1910年

●メキシコ革命起こる。

1911年

●中国で辛亥革命起こる。

辛亥革命の中心人物
孫文（そんぶん）

▼黒田清輝作『湖畔』

◀菱田春草作『黒き猫』

しました。伝染病研究所にいた志賀潔は、赤痢菌を発見しました。野口英世は、アメリカの研究所でさまざまな研究成果を上げましたが、アフリカで黄熱病の研究中にその黄熱病でなくなりました。

絵崎教授の特ダネファイル

科学の世紀の大発見

19世紀は科学の世紀だといわれる。今の私たちの生活に欠かせないような発明、発見が多くなされた世紀だからだ。発明といえば、
1837年、モールスの電信機
1876年、ベルの電話機
1879年、エジソンの電球
……などがあげられるが、今の生活に必要なものばかりだな。

またレントゲンがX線を、キュリー夫妻がラジウムを発見している。

医学では、特に細菌学の発達がめざましかった。細菌学者のパストゥールやコッホは有名で、日本の学者、北里柴三郎もコッホのもとで学び、日本の伝染病研究に大きな役割を果たした。

何より当時の人々をおどろかせたのは、ダーウィンが1859年に発表した『種の起源』だ。人間はサルから発達したという進化論が述べられている。現在では当たり前になっているこの説も、当時の人々にとっては信じがたいもので、激しい論争が起こり、なかなか信じてもらえなかった。また1865年、メンデルは遺伝の法則を発見した。

スウェーデンのノーベルがダイナマイトを発明したのも19世紀だ。ダイナマイトのおかげで、トンネル工事などが安全にできるようになったが、やがて戦争に使われるようになった。自分の発明が世界で多くの命をうばっていることに心を痛めたノーベルは、自分の遺産で基金を作り、世界の平和や人類のために貢献した人に賞をあたえてほしいと遺言したんだ。これが現在も続くノーベル賞だ。

大正時代 昭和時代初期

デモクラシーと戦争の影

大正時代：1912年〜1926年
昭和時代：1926年〜1989年
(この章では、1930年ごろまで)

東京駅

大正・昭和初期
―両津勘子でございます！の巻―
明治末ごろから女子教育もさかんになった 当時 中学生以上は男女は別々の学校で学んだ
みなさんは良き妻にならねばなりません
女子の授業内容は今とはちがい良妻賢母になるための花嫁修業的要素が強かった
ちがうわ!! そんなの時代おくれよ！今は大正の世なのよ!!
女性も社会に出る時代よ!!
両津勘子さん!!

第一次世界大戦が始まる

両さんメモ

1904年、東京日本橋に三越呉服店がオープンした。近代的な建物の百貨店で、1914年にはエスカレーターもついて、当時の人はびっくりしたんだ。この年の暮れには、東京駅も完成。赤レンガ造りの西洋風の建物で、東京はどんどん近代化した。

勘子はどうする?
私はそんなにヒマじゃないのよ!!
大正中期から浅草の劇場で上演されるようになった浅草オペラは大人気となり多くの観客を集めた
活動写真(映画)や宝塚少女歌劇また演劇などの大衆文化がさかえた
画家の竹久夢二は日本橋呉服町に絵草子屋 港屋を出し女性に人気だった
◀夢二の絵
竹久夢二(1884〜1934)
仕事をさがすの言ったでしょこれからは女性も社会に出る時代なの
勘子ったらどうしちゃったのかしら急に
無理もないわよあれじゃ嫁のもらい手もないもの

※当時の成績表は5段階ではなく、甲乙丙丁とつけた。丁は一番悪い成績。

この時代になると路面電車や車が走るようになり
新しくできたカフェではコーヒーやアイスクリームが出された
完璧だわ
大正4年ごろから電気ゴテで髪にウェーブをかけるのが流行したパーマネントのはしりである
日本髪から短く切った断髪へスカートのたけもひざたけへと変化していき女性は より活動的になる

両さんメモ

大正時代になると、住宅の様子も変わってきた。和洋折衷の住宅は文化住宅と呼ばれ、あこがれの的だったんだ。関東大震災後、鉄筋のアパートも造られた。

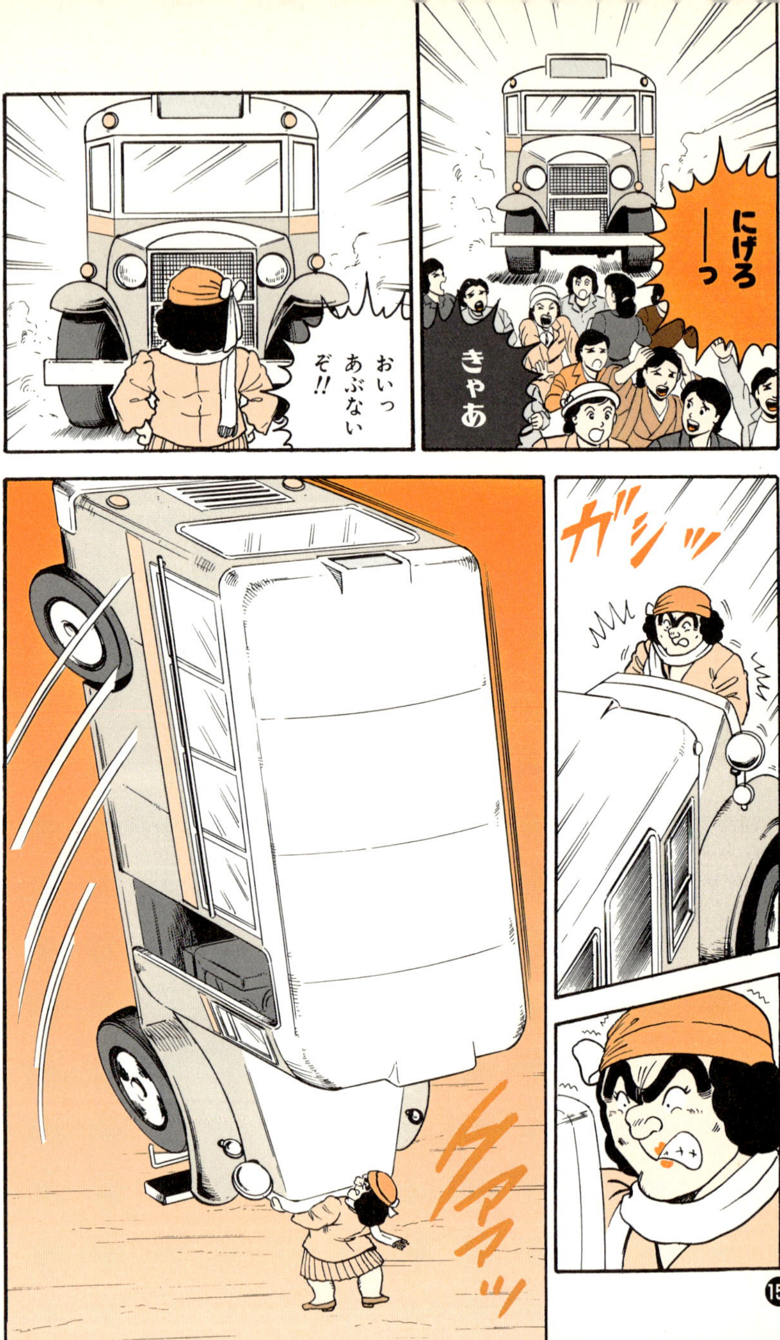
にげろ――っ
きゃあ
おいっ あぶないぞ!!
ガシッ
クマァッ

ズダーン
これで私の採用は決まりね
その…バスガールはこんな力仕事は必要ないので残念ですが…
浅草の見世物小屋ですがぜひ!
女子怪力チャンピオンとしてうちで
浅草見世物小屋
これが時代の最先端…………
万国びっくりショーですが
万国びっくりショウ
よかったですね就職が決まって

大正時代・昭和時代初期

社会運動の高まりと戦争

大正1912年～1926年
昭和1926年～1989年

この章では1930年ごろまでをあつかいます。

明治から大正へ

軍人の乃木希典夫妻が明治天皇に殉死※し、人々に、しょうげきをあたえました。

戦争により軍事費がふえ、日露戦争では賠償金がとれなかったため税金が高くなり、国民は苦しみました。

護憲運動

明治時代から、官僚や軍人が中心の政治が続いていました。それに対して、議会中心の政治を求める護憲運動（憲政擁護運動）が、起こりました。この護憲運動は、国民の広い支持を得ます。吉野作造は、民衆本意の政治、民本主義を唱えました。

※主君のあとを追って自殺すること。

第一次世界大戦

帝国主義をとっていたヨーロッパ諸国は、互いに勢力を広げようとしていました。

ドイツ、オーストリア、イタリアは三国同盟を、イギリス、フランス、ロシアは三国協商を結びました。これらの国々は、たびたび対立しました。

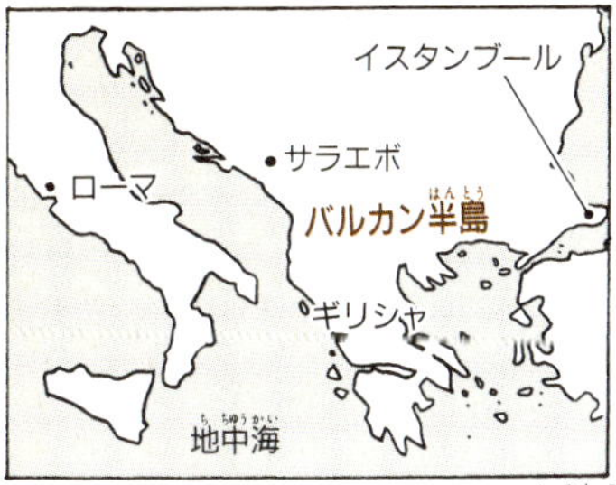

▲バルカン半島は、ヨーロッパの火薬庫と呼ばれるほど、対立が激しくなった。

1914年、バルカン半島のサラエボで、セルビア(協商国側)の青年がオーストリア皇太子夫妻を殺害しました。このサラエボ事件で、オーストリアがセルビアに宣戦し、同盟国と協商国も次々と参戦しました。

1902年の日英同盟があったため、日本は協商国側として参戦しました。

日本	大正時代
日本のできごと	1912 第一次護憲運動起こる 1914 第一次世界大戦に参戦 1915 中国に二十一か条の護憲を提出 1916 吉野作造、民本主義を唱える 1918 米騒動 シベリア出兵 初の政党内閣ができる ●大正デモクラシー 1920 国際連盟に加盟 新婦人協会発足 日本初のメーデー 1922 全国水平社ができる（差別からの解放を目指す） 日本農民組合発足 日本共産党結成 シベリアから兵を引く 1923 関東大震災が起こる 1924 第二次護憲運動起こる
世界のできごと	1912 中華民国の成立 1914 第一次世界大戦はじまる 1917 ロシア革命起こる アメリカ、ドイツに宣戦 1919 パリ講和会議 朝鮮の三・一運動起こる インドのガンジーが民族独立運動を指導 中国の五・四運動起こる 1920 国際連盟ができる 1921 ワシントン会議（軍縮を目指す）開かれる 1922 イタリアにファシスト党内閣が成立 ソビエト社会主義共和国連邦（ソ連）ができる

日本の参戦

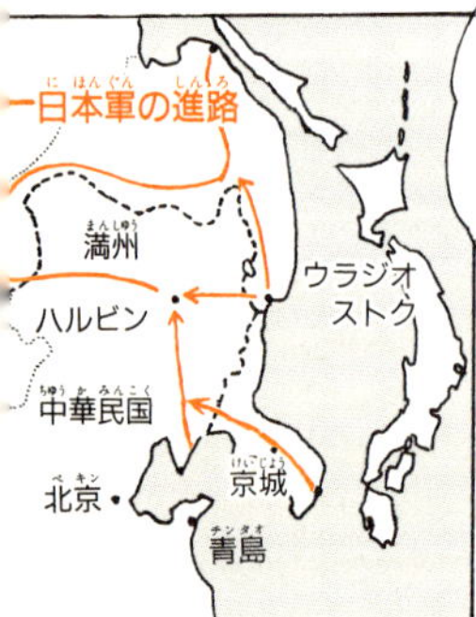

日本はドイツに宣戦し、軍隊を送って、ドイツの軍事基地があった中国の青島を攻撃し、占領しました。さらに、ドイツ領南洋諸島の一部も占領しました。

中国に無茶な要求をつきつけた

昭和時代	
1925 治安維持法公布 普通選挙法公布 ラジオ放送開始	
1926 大正天皇没 昭和と改元	
1927 金融恐慌で多くの銀行が休業・倒産	1927 中国で南京に国民政府成立
●不景気になる	
1928 第一回普通選挙実施 張作霖爆殺事件	1928 パリで15か国が不戦条約調印
●プロレタリア文学が盛んになる	1929 世界恐慌が起こる
1931 満州事変（次章へ続く）	1930 ロンドン海軍軍縮会議開かれる
	1933 ドイツにヒトラー政権ができる

新兵器の登場

第一次世界大戦は、世界中に広がり長引きました。各国とも総力戦となり、飛行機、戦車、潜水艦、毒ガスなど新兵器が使われ、死者がふえました。

愛国心から戦争に協力する人が多い中、ロシアの社会主義者レーニンやフランスの作家ロマン＝ロランは平和を訴えました。

二十一か条の要求

一、中国政府は、※山東省でのドイツの権利を日本にゆずること。

一、南満州、内モンゴルにおける日本の優越権をみとめること。

一、旅順、大連や南満州鉄道を借りる権利を99年間延長すること。

一、中国政府は中国沿岸や港などを日本以外の国にゆずらないこと。

一、中国政府に日本人顧問をおくこと。

（一部要約）

※山東省。

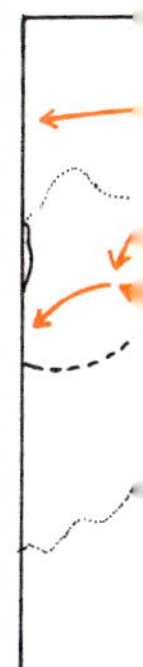

中華民国大総統 袁世凱

1915年、日本は中国に二十一か条の要求をつきつけました。中国政府は抵抗しましたが、日本は軍事力を背景に、中国政府に日本人顧問をおくという項目以外、ほとんど要求をみとめさせました。

大戦景気

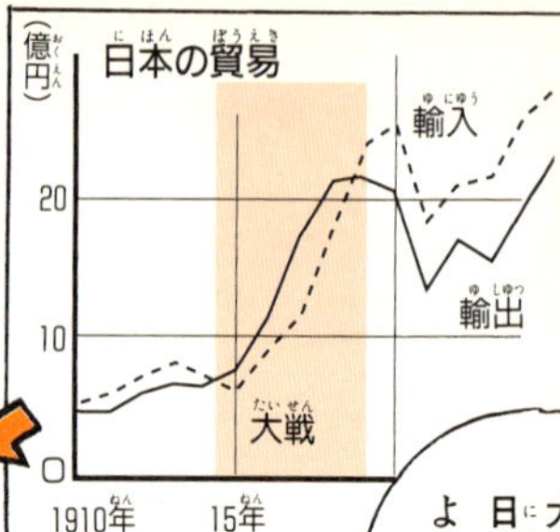

大戦が始まると連合国（協商側）へ軍需品の輸出がふえました。また日本は、ヨーロッパの国々に代わって、東アジア地域にも工業製品の輸出をふやしました。こうして、日本の工業は発達し、好景気になりました。

こち亀パトロール

成金 現れる!!

この好景気で、急に金持ちになった成金が生まれた。三井や三菱など財閥もいっそう力をつけたぞ。

労働運動

労働運動の高まり

労働者は、安い賃金で働き、苦しい生活を強いられました。鈴木文治は、労働組合組織の友愛会を作り、労働者の地位向上を目指しました。労働者は次第に団結して、賃上げや労働時間の短縮を求める労働争議を起こすようになりました。

鈴木文治

初の政党内閣

普通選挙が望まれるが…

護憲運動の高まりや米騒動の影響でたおれた内閣の後に、初めて議会の多数党を中心とした政党内閣ができました。首相の原敬は、華族以外の初の首相なので、普通選挙実施が期待されましたが実現しませんでした。

原敬
(1856〜1921)

ロシアの革命

大戦が長びき、生活が苦しくなったロシア国民は、皇帝を退位させて臨時政府を作りました。その後、臨時政府もたおされ、ソビエト政府ができました。

1917年のこの革命が世界に広がるのをおそれた帝国主義諸国は、シベリアなどに兵を送り、干渉しました。

レーニン
(1870〜1924)
社会主義者でロシア革命の指導者。

大正デモクラシー

▲第１回メーデー（1920年・上野）

労働運動

労働者は団結し、労働争議を起こし待遇改善を求めた。

農民運動（小作争議）

地主に土地を借りる小作農民は、小作料の減額などを求めて団結しました。

婦人解放運動

女性の地位向上を求め、1920年、新婦人協会が結成される。

全国水平社運動

差別を受けてきた人々が、差別からの解放を求める。

資本主義：資本家が利益追求のために、労働者を働かせて生産を行う経済のしくみ。
社会主義：階級対立のない社会で生産手段を社会共有のものとするしくみ。

普通選挙を求める

吉野作造の民本主義は大きな反響をよび、民衆の意見を反映できる普通選挙を求める声が高まりました。この時期の民主主義を求める考えや運動を大正デモクラシーといいます。

パリ講和会議

第一次世界大戦の終わり

中立の立場をとっていたアメリカが、協商国側についたことにより、同盟国側は不利となり次々と降伏、ドイツも降伏し、第一次世界大戦は終わりました。

1919年、パリで講和会議が開かれ、ベルサイユ条約が結ばれました。

国際連盟発足

1920年、世界の平和を守る最初の国際機構として、国際連盟が発足しました。翌年、軍縮のためのワシントン会議も開かれ、日英同盟は廃止されました。

▲国際連盟はスイスのジュネーブに本部がおかれた。アメリカは参加せず、最初はドイツ、ソ連も入っていなかった。

※軍備縮小のこと。

こち亀パトロール

パニック！ 米騒動

大戦中は好景気だったが、物価も高く、人々の生活は苦しかったんだ。シベリア出兵をみこした商人が買いしめたので、米価は特に高かった。おこった富山県の主婦たちが、1918年に米屋におしかけたのをきっかけに、全国的に米屋をおそう米騒動が広がったんだ。

大地震が起こり日本はパニック 関東大震災

1919年3月、朝鮮で日本からの独立を求める三・一独立運動が起きました。中国でも同年5月、日本の侵略に反対する五・四運動が起こりました。

3月1日に起こった三・一運動▶

▼5月4日に起こった五・四運動

1923年9月1日、関東を大地震がおそいました。関東全域、静岡県、山梨県に大きな被害があり、地震の規模を示すマグニチュードは7.9でした。

地震が起きたのは午前11時58分で、昼食の用意で火を使っていた家も多かったため、火事による被害が大きくなりました。死者や行方不明者は、14万人にもなりました。

大戦後の不況の中で起こった大地震は、日本の経済を混乱させます。

震災の混乱にまぎれて、社会主義運動や労働運動の弾圧のため、指導者が警察や軍隊に殺される事件も起きました。

現在、9月1日は防災の日となっています。

関東大震災の被害

- ○**死者・行方不明者** 14万人以上
- ○**被害にあった人** 340万人
- ○**全半壊建物** 25万4千戸
- ○**焼失建物** 44万7千戸

被害総額は、国家予算の数倍にのぼった。

都市の発展

日本橋の様子

東京銀行集会所

大正時代の文化

こち亀パトロール
震災後の混乱

関東大震災の被害はあまりに大きく、人々はパニックになったんだ。そんな中で、朝鮮人が暴動を起こそうとしているとか、井戸に毒を入れたといったデマが流れた。そのため無実の朝鮮の人々が、軍隊や警察、住民の組織する自警団に、多数虐殺されてしまう悲劇が起こったんだ。

生活の近代化

▼1925年、ラジオ放送開始

▲東京の浅草は娯楽街としてにぎわった。

▼電気アイロンや洋裁が広まる。

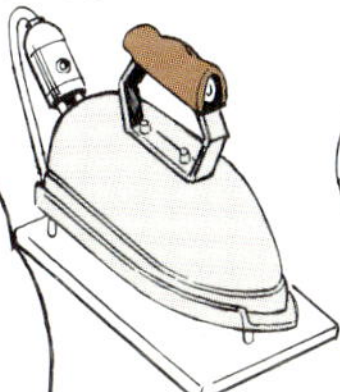

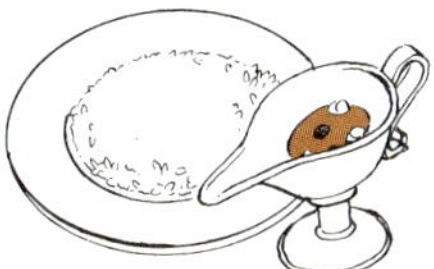

▲洋食も定着してきた。

電気、水道、ガスが都市では普及してきました。鉄筋アパートも建てられました。

芥川龍之介（1892〜1927）

志賀直哉（1883〜1971）

大学や高等学校がふえ、知識人も多くなりました。新聞や雑誌も大量に発行されるようになります。

文学では、幸福を追求する白樺派の武者小路実篤や志賀直哉らが主流でした。また社会をするどく風刺する芥川龍之介や、美を追求する谷崎潤一郎らも活躍しました。

労働運動にのって現れた、労働者の生活を描くプロレタリア文学も小林多喜二らによって書かれました。しかし、プロレタリア文学は昭和に入って弾圧されます。

児童文学もさかんになり、美術では、洋画の岸田劉生らが活躍しました。

普通選挙実現

	有権者の条件	有権者数と国民に占める割合
1890年	国税15円以上を納める25歳以上の男子	45万人(1.1%)
1902年	国税10円以上を納める25歳以上の男子	98万人(2.2%)
1920年	国税3円以上を納める25歳以上の男子	306万人(5.5%)
1928年	25歳以上の男子	1240万人(20.8%)

貧富による差別なく選挙権を持てる普通選挙権を求める声は、高まっていました。

第二次護憲運動が起こった結果、1924年に護憲派の加藤高明内閣ができました。そして1925年、25歳以上のすべての男子に選挙権があたえられることになり、普通選挙が実現しました。これで有権者※は、4倍にふえました。

※選挙に参加できる人。

天下の悪法 治安維持法

政府は社会主義運動の広がりを警戒しました。そこで、天皇中心の体制の変革や、資本主義の否定を目指す運動を取り締まる治安維持法を制定し、社会主義者や後には自由主義者まで弾圧しました。

こち亀パトロール

虎の門事件

1923年12月、無政府主義者の難波大助が東京虎の門で、摂政をしていた皇太子(後の昭和天皇)を狙撃する事件があったぞ。

難波大助は、社会運動に対する弾圧を天皇がしていると思い、テロを実行したといわれる。事件の翌年、死刑になった。

昭和の始まり

1926年12月、大正天皇が亡くなり、年号が昭和となりました。新しい時代となっても、第一次大戦後の不況で国民の苦しい生活は続いていました。

そんな中、1928年に初めて普通選挙が行われました。普通選挙とはいっても、政府はさまざまな選挙妨害をしました。労働者や農民を中心とした無産政党が当選するのをいやがったのです。

しかし選挙の結果は、与党（政権を担当している政党）の実質的な敗北に終わり、無産政党も8人の当選者を出しました。

銀行が倒産！ 金融恐慌

資本主義経済の大混乱を恐慌という。

第一次世界大戦後の不況に加え、関東大震災で経済は打撃を受けました。1927年、多くの銀行が休業したり倒産したりと、金融恐慌が起こりました。

世界中が大不況 世界恐慌

▲職を求める失業者の列

1929年、ニューヨーク証券取引所で株価が大暴落し、世界経済の中心だったアメリカが、急に不景気になってしまいました。アメリカの不況は、世界中に影響をあたえ、世界的な大不況となりました(世界恐慌)。

不況を乗り切るため、イギリスやフランスは、本国と植民地の結びつきを強め、貿易の発展をはかりました。

アメリカではルーズベルト大統領が、労働者や農民を保護し、公共事業を行うなどのニューディール政策を行いました。

ルーズベルト
(1882〜1945)

世界恐慌の影響で、日本の不況は深刻化し、労働運動も起きましたが、きびしく取り締られました。

中国の革命

中国では蔣介石※が率いる国民政府が、ほぼ国内統一をしました。そして、満州の権益を日本から取りもどそうという動きが起こりました。日本は、この動きを阻止しようとしました。

※蔣介石。

ファシズム台頭

ドイツの状況

第一次世界大戦後、ドイツは植民地を失い、賠償金の負担が重く、世界恐慌の影響は深刻でした。その中、ヒトラー率いるナチス※は、ベルサイユ条約破棄と国民生活の安定を主張し、国民の心をとらえました。1933年、ヒトラーは政権をにぎると独裁政治を行い、言論、思想の自由をうばいました。

イタリアの状況

イタリアで独裁政治を行っていたファシスト党のムッソリーニも、国民の不安や不満をそらすため、外国を侵略しました。

このような、民主主義を否定した軍国主義的な政治をファシズムといい、日本もファシズムの道へと歩んでいくことになりました。

※正式には、国家社会主義ドイツ労働者党という。

※張作霖。

張作霖の事件の後に首相となった浜口雄幸は、世界の国と協調する外交を目指し、軍縮条約に調印しました。しかし、これが天皇の権限を犯したとして、浜口総理は狙撃されてしまいました。

※軍隊の最高指揮権のこと。

絵崎教授の特ダネファイル

ふたつの世界大戦

欧米諸国が産業革命を達成すると、資本主義経済が発達した。そして、欧米諸国は資源供給地と市場として、さらに多くの植民地を求めるようになっていた。この領土拡大のための侵略を帝国主義といい、日本も日露戦争以降、帝国主義をとるようになった。

イギリスやフランスなどより遅れて工業化の進んだドイツやイタリアは、すでに他国の植民地になっている場所を分割することを求めたり、新しい植民地獲得に乗り出したりと、帝国主義国の間でも対立が起こるようになった。

ヨーロッパ諸国の対立は、日本などアジアの国々にも無関係ではなかった。日清戦争以来、清（中国）はヨーロッパ諸国に分割され、ロシアが南の方へ勢力を伸ばすのを嫌ったイギリスは、日本と同盟を結んでロシアに対抗する。また、イギリスはフランスとも手を結び、後にロシアとも和解し、ドイツやオーストリアを共通の敵とした。こうしたヨーロッパ諸国の対立が第一次世界大戦へとつながっていく。

第一次世界大戦の後、負けたドイツは多額の賠償金を払いながら民主化を進め、ロシア帝国はたおれてソビエト社会主義共和国連邦ができた。軍縮の努力もなされた。しかし、アジアやアフリカの植民地は独立を果たせず、中国や朝鮮でも反帝国主義運動、独立運動が起き、インドでもガンジーを指導者に民族運動が起こった。

平和を目指す国際連盟もできたが、世界的な不況が起こり、国民の生活が苦しくなると、再び不穏な動きが出てくる。特に賠償金の支払いもあって苦しかったドイツは対外侵略を開始し、二度目の大戦へと向かってしまう。

昭和時代

戦争から平和への復興

1926年〜1989年

(この章では1931年以降〜)

昭和時代
―撮影スタジオ大戦争の巻―
よし いいできだ！
これにCGで人物を合成すれば完璧だ
わずか1分のシーンなのに…これじゃ映画の予算が…
プロデューサー……

両さんメモ

1936年、ドイツで開催されたベルリンオリンピックでは、女子水泳の前畑秀子選手が金メダルをとった。その時、実況のアナウンサーが「前畑ガンバレ」を連呼して話題を呼んだ。また、韓国選手は日本選手として参加させられたんだ。

※戦争中の日本軍の「真珠湾攻撃を開始せよ」の暗号。

太平洋戦争の発端となった日本の真珠湾攻撃は、アメリカに対する宣戦布告の伝達がおくれ、「だまし討ち」の汚名を着せられることとなった。
離陸の時は下から撮った方がカッコいいな
わずか1分のシーンに数千万円もかけたら他のシーンが…
この映画は戦争の悲劇や人々の悲しみがテーマなんですカッコよくちゃいけないんです
そうですよ
なるほど悲劇か…
ならば神風特攻隊とか回天とかの体当たり攻撃や戦艦大和の特攻…そうか東京大空襲のB29も作った方がいいな
太平洋戦争末期日本軍は不利な戦況を打開するため飛行機や潜水艦に爆弾をつんで敵へと体当たりする攻撃を行った

両さんメモ

国家総動員法によって、すべての人々が戦争に協力させられた。人々に夢をあたえる芸能人たちも戦地に動員され、兵を慰問したんだ。また作家も戦地に行かされ、現地からの報告や日本語教育を担当させられることとなった。

戦争末期 連合軍は
抵抗する日本に対し
本土への空襲など
攻撃をしかけた

第二次世界大戦の対立図

〈連合国〉
イギリス　アメリカ
ソ連　など

×

〈枢軸国〉
ドイツ　イタリア
日本　など

日本軍は さまざまな国を
戦場にして戦いました
多くの国の人々に
苦しみをあたえ
大きな犠牲を出しました

▲ひめゆり部隊の慰霊の
ための ひめゆりの塔

沖縄にはアメリカ軍が
上陸して 戦場となりました
沖縄では住民ほとんどが
戦争にかり出されました
女子学生で編成された
看護婦部隊のひとつの
ひめゆり部隊の生徒たちも
毒ガスで死亡したり自決したり
200名近くが悲惨な最期を
とげることになりました

両さんメモ

1953年、NHKがテレビの本放送を始めた。テレビを買える家庭は少なく、街頭にあるテレビに人々は集まったんだ。プロレス中継は、すごく人気があった。1960年、カラー放送も始まった。

うわーっ
くそっ
だめだ!!
一機数十万
製作3か月の
作品を壊せん!!
バラ
バラ
もう
頭にきた!!

両さんメモ

1954年、怪獣映画「ゴジラ」が公開された。今も新作が制作される人気シリーズだな。特撮の技術は海外でも高く評価されてたぞ。ゴジラは水爆実験で目を覚まし、放射能の火を口から噴射するという時代の状況を反映した作品である。

昭和時代

激動の昭和から平和への道　1926年～1989年

満州事変

※柳条湖。

1931年、関東軍は※柳条湖で、鉄道を爆破しました。

※満州にいた日本の陸軍部隊。

関東軍は、鉄道を爆破したのを中国のしわざにして攻撃を始め、満州全土を占領しました（満州事変）。

満州国建国

溥儀(1905〜1967)
3歳で清の皇帝となり、辛亥革命で退位。

関東軍は、1911年の辛亥革命で滅んだ清の最後の皇帝・溥儀を執政にむかえて、満州国を建国しました。日本政府は初め消極的でしたが、軍部におされ満州国をみとめました。そして日本の農民を移住させました。

溥儀は皇帝になったが、実権は関東軍にありました。

国際連盟脱退

国際連盟は満州を調査し、日本に満州から引き上げるよう求めました。日本はこれを不服として、国際連盟を脱退しました。

こち亀パトロール

忠犬ハチ公

1934年、渋谷駅前にハチ公の銅像ができた。主人が亡くなった後も、毎日駅までむかえに行った忠義な犬なんだ。戦争中、金属徴集でつぶされたが、後に再建されたぞ。

日本	昭和時代

日本のできごと

- 1931　満州事変が起こる
- 1932　日本、満州国建国を宣言　五・一五事件起こる
- 1933　国際連盟を脱退
- 1936　二・二六事件が起こる
- 1937　日中戦争が始まる　日独伊三国防共協定が結ばれる
- 1938　国家総動員法が成立
- 1940　日独伊三国同盟が結ばれる
- 1941　太平洋戦争が始まる
- 1945　原子爆弾が広島と長崎に投下される　ポツダム宣言を受諾し、戦争が終わる
- ●連合国による占領下におかれる　財閥解体　農地改革　選挙法改正
- 1946　天皇の人間宣言　日本国憲法の公布
- 1947　日本国憲法の施行
- 1950　警察予備隊ができる

世界のできごと

- 1933　ドイツにヒトラー政権誕生　アメリカ、ニューディール政策開始
- 1937　中国国民政府と共産党が手を結ぶ
- 1939　第二次世界大戦始まる
- 1941　ドイツ対ソ連開戦
- 1943　イタリア降伏
- 1945　ドイツ降伏　国際連合ができる
- ●アジア諸国が独立し始める
- ●冷たい戦争が始まる
- 1948　朝鮮が南北に分断
- 1949　北大西洋条約機構(NATO)結成　中華人民共和国成立

五・一五事件

満州事変の後、軍の中で、軍部独裁政権を作ろうという考えが起き、テロリズム※も起こりました。1932年5月15日、海軍の青年将校たちが、満州問題に慎重だった犬養毅首相を射殺する事件が起こりました。五・一五事件といいます。

※政治的な目的をはたすため、暴力的手段にうったえること。

二・二六事件

1936年2月26日、陸軍の青年将校がクーデターを起こしました。首相官邸、警視庁などをおそい、政治家を殺しました。しかし、これは反乱としてしずめられ、青年将校らは死刑になりました。この事件を二・二六事件といいます。

平成

- 1951 サンフランシスコ平和条約、日米安全保障条約調印
- 1953 奄美諸島が日本に復帰する
- 1954 アメリカによるビキニ水爆実験で、第五福竜丸が被爆
  自衛隊が発足
- ●高度経済成長が始まる
- 1956 ソビエト連邦と国交回復
  国際連合に加盟
- 1960 日米新安全保障条約の調印と、発効
- 1964 東京オリンピック
- 1965 日韓基本条約調印
- 1968 小笠原諸島が日本に復帰
- 1970 日米新安全保障条約の自動延長
  大阪で万博が開かれる
- 1972 沖縄が日本に復帰する
  中国との国交が正常化する
- 1973 石油危機
- 1978 日中平和友好条約調印
- 1989 昭和から平成に

- 1950 朝鮮戦争（〜53）
- 1955 アジア・アフリカ会議
  ワルシャワ条約機構結成
- ●アフリカ諸国が独立し始める
- 1963 部分的核実験停止条約調印
- 1965 ベトナム戦争激化
- 1967 第三次中東戦争（アラブ諸国とイスラエルの戦争）
- 1969 人類が月へ降り立つ
- 1973 第四次中東戦争
- 1975 ベトナム戦争終わる
- 1989 米ソ首脳会談（マルタ）
  冷戦終結宣言
- 1991 湾岸戦争
  ソビエト連邦の解体

日独伊三国同盟

五・一五事件や二・二六事件の後、戦争によって国の力をのばそうとする軍国主義が広まりました。そして、同じように軍事力を強めていたドイツやイタリアと結びつき、枢軸国と呼ばれました。1940年には、日独伊三国同盟を結び、相互援助などを約束しました。

日中戦争

1937年北京郊外の※盧溝橋で日本軍と中国軍に衝突が起きた

※盧溝橋。

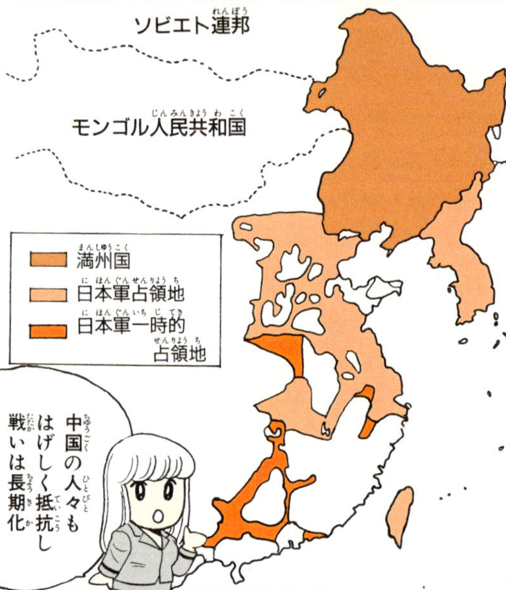

中国の抗日運動

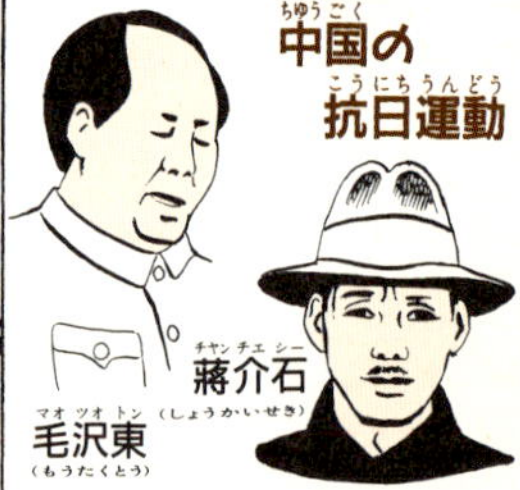

中国では、蒋介石の国民政府と毛沢東指導の中国共産党が内戦していました。しかし、日本の侵略が始まると、内戦をやめ、協力して日本に対抗しました。

すべて戦争のため

戦争が長びくと、国民のすべてを戦争に協力させるために、1938年、国家総動員法が成立しました。国民の生活も統制され、食料や衣料は配給になり、パーマなど派手な格好も禁止されました。戦争に批判的な思想はきびしく取り締まられました。政党は解散され、大政翼賛会にまとめられ、労働組合も解散させられました。

国民も戦争に協力させられた

日本軍の侵攻

日本軍の侵攻に、中国もはげしく抵抗しました。

日本軍は上海や南京を占領し、多くの中国民衆の命をうばい、生活を破壊しました。南京では、女性や子どもまで多くの住民を虐殺し、世界から非難されましたが、日本国民には、これらの事実は知らされませんでした。

第二次世界大戦始まる

ヨーロッパでは、ドイツが領土を拡大していました。1939年、ドイツがポーランドに侵攻すると、それまでドイツの動きを黙認していたイギリス、フランスは、ポーランドを助けてドイツに宣戦布告し、第二次世界大戦が始まりました。

第一次世界大戦後わずか21年で、ヨーロッパは再び戦場となってしまいました。

日独伊三国同盟があるので、日本はドイツ側の陣営。

南方への進攻

日本軍は中国だけでなく、東南アジアへも軍を進めました。アメリカ、イギリスが東南アジア経由で、中国へ物資を送るのを阻止するのと、石油やゴムなどの資源を得るのが目的でした。日本は南太平洋の島々を占領し、住民を強制的に働かせたりしたので、各地で日本への抵抗が起こりました。

ABCD包囲陣

ABCDの意味

America（アメリカ）
Britain（イギリス）
China（中国）
Dutch（オランダ）

日本の南方進攻に、アメリカは警戒しました。そこでアメリカ、イギリス、中国、オランダは、日本への石油などの輸出を停止する経済封鎖をしました。これをABCD包囲陣と呼びました。日本政府は、アメリカとの戦争をさけるため、1941年11月で決裂しました。そして、アメリカとの開戦は決定的となってしまいました。

太平洋戦争

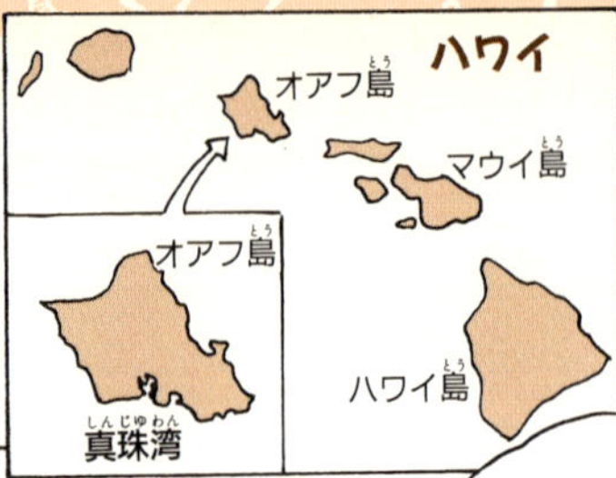

1941年12月8日、日本陸軍はマレー半島のイギリス軍を攻撃し、海軍はハワイ真珠湾のアメリカ軍基地を奇襲し、戦争が始まりました。第二次世界大戦の中で、アジアにおける日本と連合国との戦いを、太平洋戦争といいます。

第二次世界大戦の流れ

1931年　満州事変（日中戦争）
日本 VS 中国

1939年　ドイツ、ポーランド侵攻
ドイツ・イタリア VS イギリス・フランス

1941年　太平洋戦争
日本 VS アメリカ・イギリス・ソ連

枢軸国　　連合国

アジアの国々

太平洋戦争が始まると、日本は東南アジアや南太平洋一帯を次々と占領し、資源を取り上げました。また日本国内の働き手が少なくなると、中国や朝鮮の多数の人々を強制的に日本に連れてきて、労働をさせました。占領地では、日本語を教えたりもしましたが、人々は次第に日本軍に抵抗し、独立を目指す運動も起こってきました。

日本軍は、欧米諸国の植民地だった東南アジアの国々を占領しました。植民地支配からの解放支援をうたっていましたが、日本は占領地の住民を強制労働させたり、資源を取り上げたりしました。フィリピン、ビルマ、ベトナムなどで日本への抵抗が起こります。

こち亀パトロール

国家総動員法のもと、国民を一致団結させるために、隣組という、町内会よりも小さなグループを編成させたんだ。隣組では互いに助けあったり、配給も隣組単位で行われたりしていたぞ。

アメリカの反撃

ミッドウェー海戦敗北
1942年6月

ガダルカナル島撤退 1943年2月

アッツ島の日本軍玉砕
1943年5月

当初は優位だった日本ですが、1942年6月、ミッドウェー海戦でアメリカ軍に敗れたのをきっかけに各地で敗北が続きました。

国民の生活

兵役で男の働き手が不足し、中学生や女子学生まで軍事工場で働かされました。これまで徴兵が免除されていた大学生も、軍に召集されました(学徒出陣)。
また隣組による防空訓練も行われ、都市に住む児童を地方に疎開させせました。
戦争に批判的な態度をとると、非国民と非難されたり逮捕されたりしました。

▼女性も武装して戦うようにと、各地で竹やり訓練が行われた。食料も生活用品も不足し、人々は苦しい生活にたえていた。

日本国土への攻撃

1944年7月に、アメリカはサイパン島を占領すると、そこを基地に日本への空襲を本格化しました。

1945年3月の東京大空襲では、約10万人もの人が亡くなりました。他にも多くの都市が空襲にあいました。

1945年4月には沖縄本島にアメリカ軍が上陸し、沖縄は戦場となりました。

飛行機から爆弾を落とす空襲が行われた。

▼沖縄にはアメリカ軍が上陸。

世界初の被爆国に 原子爆弾投下

イタリア、ドイツが降伏し、連合国は日本に、降伏の条件を示すポツダム宣言を発表しました。しかし日本政府の対応は遅れました。

戦争を続ける日本に、アメリカは1945年8月6日に広島、9日に長崎に原子爆弾を投下しました。

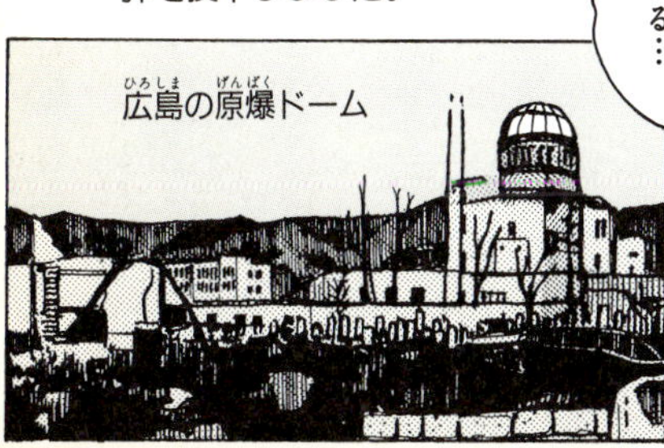

広島の原爆ドーム

こち亀パトロール

命とひきかえの攻撃

太平洋戦争末期、飛行機や潜水艦に爆弾をつんで敵機に体当たりする、特別攻撃隊というものがあったんだ。命がけの攻撃だったけれど、日本の不利な戦争状況を変えることはできなかったんだ。

敗戦と占領

1945年8月14日、日本はポツダム宣言を受け入れ、翌15日、天皇のラジオ放送で国民に敗戦が告げられました。これで第二次世界大戦は終わりました。

GHQが指導し、日本政府が実行する形でした。

▲戦争で荒廃した町

戦争は終わったものの、空襲の被害などで、日本は荒れていました。国の配給が滞るなか、人々は食料を求めて、自由に物が売買されるヤミ市へ通いました。ヤミ市では、さまざまな物が売られ、人々の暮らしを支えていました。苦労して地方へ行き、農家の人に着物などを食料に交換してもらうことも盛んでした。

◀戦後のヤミ市

GHQの指導

①女性の解放
②労働組合の結成奨励
③教育の自由化
④秘密警察などの廃止
⑤経済機構の民主化

民主化政策

経済や社会のしくみも改革されました。日本の経済を支配した財閥を解体し、農地改革で農村の民主化をはかりました。

●農地改革
地主の土地を※小作人に安く売る。

●財閥解体

政治の改革では治安維持法が廃止され、女性にも選挙権があたえられました。また、神とされていた天皇の人間宣言も出されました。

※地主から土地を借りて農業を営む人々。

女性の社会的地位も向上

アジア諸国の独立

終戦後アジアでは、インドネシア、フィリピン、インドなどが次々と独立を宣言し、植民地支配から独立しました。長年、日本の植民地にされた朝鮮も、日本の支配から解放されました。

国際連合発足

1945年10月、国際社会の平和と安全維持を目的として国際連合が発足しました。本部はニューヨークにおかれ、総会と安全保障理事会を中心に、平和を目指しています。

こち亀パトロール

GHQは日本の軍隊を解散した。戦争を指導した軍人や政治家を、軍事裁判にかけ処罰したんだ。また、職業として軍務についていた職業軍人などは、議員や公務員といった公職から追放された。こうして日本の軍国主義は取りのぞかれたんだ。

※GHQ…連合国軍最高司令官総司令部

戦後初の選挙が行われたよ

1945年12月の選挙法改正で、婦人参政権が実現し、翌年4月、戦後初の衆議院議員総選挙が行われました。

1946年GHQの草案をもとにした日本国憲法ができ翌年施行された

※日本国憲法では、思想や信教の自由、集会や結社、表現の自由、拷問の禁止や黙秘権、参政権などを、基本的人権として規定している。

選挙権は、20歳以上のすべての男女にあたえられました。新しい政党もたくさん生まれました。この選挙には女性も89人立候補し、そのうち39人が当選をはたし、女性議員が誕生しました。

この結果吉田茂内閣ができ女性議員も誕生したわ

平和を目指す新憲法 日本国憲法

GHQは日本の民主化の基礎として、憲法改正を日本政府に命じました。GHQが出した草案をもとに修正を重ね、1946年11月3日、日本国憲法が公布され、翌年5月3日施行されました。

国民主権、基本的人権の尊重、戦争放棄を三原則とした、

●国民主権
国家の主権が国民にあること。
●基本的人権の尊重

教育の民主化

▲校舎がない所では野外授業が行われた(青空教室)。

民主主義教育の基本を定めた教育基本法が、1947年に制定されました。また、学校教育法ができ、義務教育は小・中学校の9年間となりました。高校は3年、大学は4年で、6・3・3・4制となりました。男女の共学も進みました。

教育や労働に関する法律もできたよ

GHQは経済の復興に力をそそいだ

労働関係の新法

労働者の団結権や争議権をみ

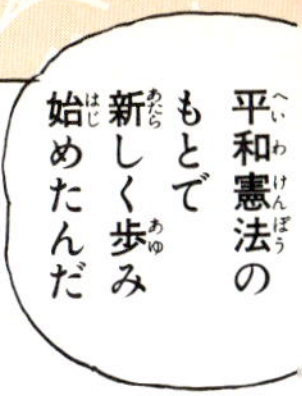

人間が生れながらに有する基本的な権利。
●**戦争放棄** 戦力を持たず、戦争をしない平和主義。

平和を目指す憲法です。天皇は、日本国および国民統合の象徴となりました。

とめた労働組合法や、労働条件の最低基準を定めた労働基準法もでき、労働運動がさかんになりました。

新しい中国

中国では、国民政府と、中国共産党が内戦していましたが、中国共産党が土地改革などで民衆の支持を得て、中華人民共和国ができました。
敗れた国民政府は、台湾へとのがれました。

朝鮮戦争

朝鮮では1948年、南部にアメリカの援助で大韓民国（韓国）が、北部にソ連の援助で朝鮮民主主義人民共和国（北朝鮮）が、作られました。1950年、北朝鮮が統一を目指して南進し、南北の衝突が起こりました（朝鮮戦争※）。
この戦争が世界中に広がるのをおそれ、休戦を求める声が高まって、1953年に休戦しました。

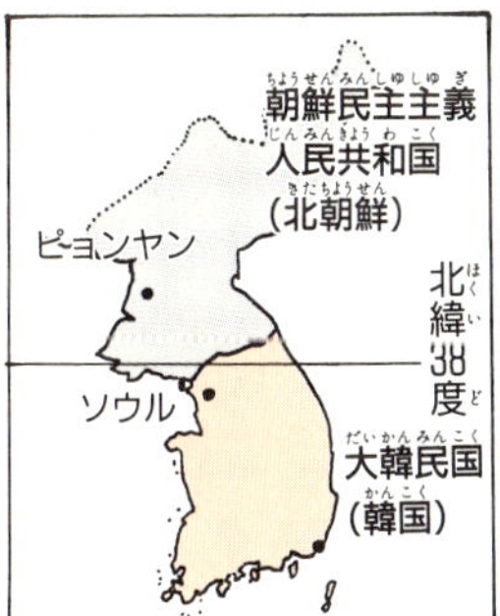

▲朝鮮の人々は、同じ民族でありながら、南北に分断されてしまった。

※ソ連、中国が北朝鮮を援助し、アメリカが韓国を支援しました。

平和条約を結ぶ

朝鮮戦争などで、アジアの緊張が高まると、アメリカは、東アジアに社会主義が広まるのを防ぐ防壁の役割を日本に求めました。そこで、日本を強力な資本主義国にするため、占領政策を民主化推進から経済重視に変えました。そして、アメリカは日本との講和を急ぎ、1951年にサンフランシスコ講和会議で平和条約が結ばれ、日本は独立を回復します。同時に、日米安全保障条約が結ばれ、日本にアメリカの軍事施設が残されました。

安保はその後も大きな論争を巻き起こす。

国交の回復

1956年、日本はソ連と国交を回復し、国際連合に加盟して国際社会の一員となりました。

また、1965年に日韓基本条約を結び、日本と韓国は友好関係を進めています。しかし、朝鮮民主主義人民共和国とは、まだ国交が開かれていません。

こち亀パトロール 自衛隊がつくられる

朝鮮戦争が起こると、アメリカは日本国内の治安を守るという名目で、警察予備隊を作らせた。この警察予備隊は、1952年に保安隊と名前が変わり、さらに1954年には自衛隊となった。日本は平和憲法のもと、軍隊を持ってはいけない。自衛隊が軍隊にあたるかどうか、意見が分かれるところだ。

日本の発展

▲高速道路ができる。

▲東京オリンピックに合わせて、東海道新幹線が開通した。

アメリカの占領下にあった沖縄は、1972年に日本に復帰しました。

中国とは1972年に国交を正常化し、過去の謝罪をしました。1978年には日中平和友好条約が結ばれました。

▼日本で万国博覧会が開かれる(大阪万博・1970年)。

▲東京オリンピックが開催される(1964年)。

国交正常化の※周恩来首相(上)と、田中角栄首相。

※周恩来。

現代の課題

朝鮮戦争の後、日本の経済は復興しました。そして1955年ころから高度成長が始まりました。しかし、その反面、自然が破壊され、有毒な廃水や煙のために公害が起こるなど問題もありました。
また世界では、核兵器の実験をする国もあります。戦争も絶えず、平和への努力を続けなければなりません。

両さんの上野動物園
戦争と動物たちの悲劇
上野動物園
一般
600円
ペットを連れての
ご入園はできません
ZOO
OKapi
1万円札・5千円
使用できま
パンダ 15:30
ゴリラ 16:20
トラ 16:20
ポップ
POP
COON

おそいな
中川のヤツ!
むかえに来ると
言っといて!
先輩!!
すみません
道が
混んじゃって
ったく
おそいぞ
でも
どーして
動物園で
待ってたん
ですか?
ガキのころ
よく来たんで
なつかしく
なってな
今日は
人が少ない
わね
このくそ暑い中
動物園に
来るヤツは
少ねぇのかもな
ミーン
ミーン
動物だって
この暑さで
まいってるぜ

1933年・行くぞ、ささっと連盟ぬけて

動物園
いたた
他に
トンキーに
乗りたい子は
いるかな
上野動物園…?
パオーン
しかし みんな
なんちゅー
カッコして
るんだ…?
おい
おい

1941年・行くよ一気に、太平洋

昭和18年って……
すまないな 戦争中で ろくな食べ物が なくて……
肉ぐらい 食わせて やりたいな
わしは どーすりゃ いいんだ
おお トンキー!!
でかい体の おまえが これじゃとても 足りないよな 日本が勝ったら たくさん食わせて やるぞ
日本は 負けるのに ……
象のエサが たった これだけ…!!

動物園の動物をすべて処分するよう軍が言ってきた
動物園の動物を殺せということですか!?
空襲にあって動物が町ににげたらあぶないからと
だったら空襲のないところに避難させれば!!
軍としては動物にやるエサもないということだ
そんなひどすぎます!動物たちだって好きで日本に来たわけじゃないんです
自然の中にいればのびのびくらせたものを!勝手に連れてきて用がなくなれば殺すんですか!?

しかし軍の命令には逆らえず動物たちは命を落としていった
さぁトンキー…ごめんよおまえの番だ…………
この毒入りのエサを食べるんだ…

トンキー――!!
ぷいっ
頭のいい象は
毒の入っている
エサを食べようと
しなかった……
それで
しかたなく
エサをやらず
飢え死にさせる
ことになった
残酷
だよな
人間は…
コロッ
かわいそうに
こんなに
やせちゃって

ごめんよ
トンキー
ゆるしてくれ
エサは
あげられ
ないんだ
ごめん
……
トンキーが
芸を!!
そうか!!
芸をすれば
エサが
もらえると
思って!!
やめろ!!
やめてくれ!!
ダメなんだ
そんなこと
したって
エサはあげられ
ないんだ
ずずず…
かわいそうに
ひもじい
だろうに!
ごめんよ
ごめんよ

よし!! 待ってろ!!
貴様 何をする気だ!?
あっ 憲兵さん!!
動物にエサをあたえるのは軍が禁じたはずだ!!
もしエサをあたえたら逮捕するぞ!!
でもかわいそうすぎます
うるさい!! 軍の決定に逆らうことはゆるさん
トンキー
さぁ 来いっ!!
その後も象にはエサはあたえられなかった
かわいそうになァ……

おっわしがわかるのか!?
待ってろ何かエサを持ってきてやるぞ
パオオオー
ほら食べ…
!!
バカ芸なんてする必要はない
トンキーは死んでいた…エサをもらうため弱りきった体で最後の芸をして…

トンキーごめんよ——っ
くそー戦争さえなければ!!
先輩
両ちゃん
大丈夫ですか?
両ちゃんも日射病になるのね
無理ないですよ炎天下待ってたんですから
日射病
何だ このサイレンは…敵襲か!?
今日は終戦記念日よ
終戦記念日………
どうしたんです? そのリンゴ

……!!
ほら
エサだ!!
トンキー!!
いえ あれは
ダヤー
ですよ
上野動物園の
かたすみに
動物たちの
お墓がある
その中には
戦時中 殺された
動物たち
トンキーも
眠っている
動物よ安らかに

現代から未来へ
現代の世界と日本の様子も見てみよう
これからの歴史の主役は君たちだ!!
あの悲劇的な戦争を経て日本は生まれ変わったんだよな
そうだね平和憲法のもとで新しく世界の仲間入りをした
1951年サンフランシスコ平和条約で占領から解放され独立を回復した
1956年ソ連と国交を回復したのをきっかけに国際連合に加盟することができたんだ
いよいよ世界の一員だな

※フランス保護領だったベトナムで1945年、北ベトナムが独立。一方、南では南ベトナム政府が誕生し、独立と統一をめぐる戦いが起きる。南ベトナム・それを支援するアメリカと、北ベトナムとの戦争は、1975年、南ベトナムが敗れ、翌年、南北が統一された。

1960年代日本の経済は急成長したの（高度成長）
次々と新しいものができていく
モノレール
新幹線
東京タワー
高速道路
人々の生活もだんだん裕福になっていったのよ
電化製品も家庭の必需品となりました
テレビ
冷蔵庫
洗濯機
NTV
でも1950年代はテレビは高くて買えなかったから街頭で見てたぞ
日本のノーベル賞受賞者
●湯川秀樹さん 物理学賞 1949年
●朝永振一郎さん 物理学賞 1965年
●川端康成さん 文学賞 1968年
●江崎玲於奈さん 物理学賞 1973年
●佐藤栄作さん 平和賞 1974年
●福井謙一さん 化学賞 1981年
●利根川進さん 生理学・医学賞 1987年
●大江健三郎さん 文学賞 1994年
●白川英樹さん 化学賞 2000年
●野依良治さん 化学賞 2001年
日本人からもノーベル賞受賞者が大勢生まれている
次はわしかな

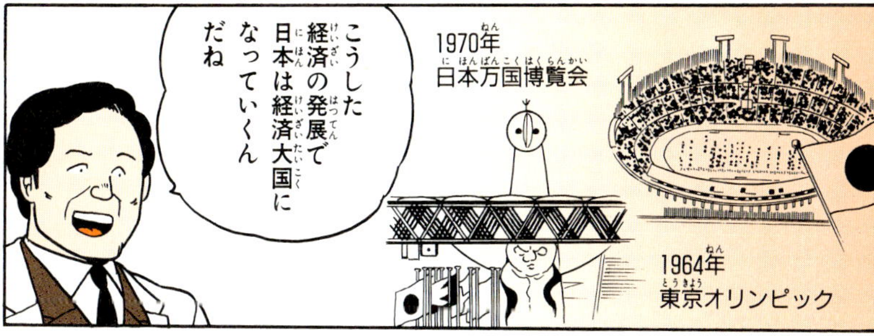

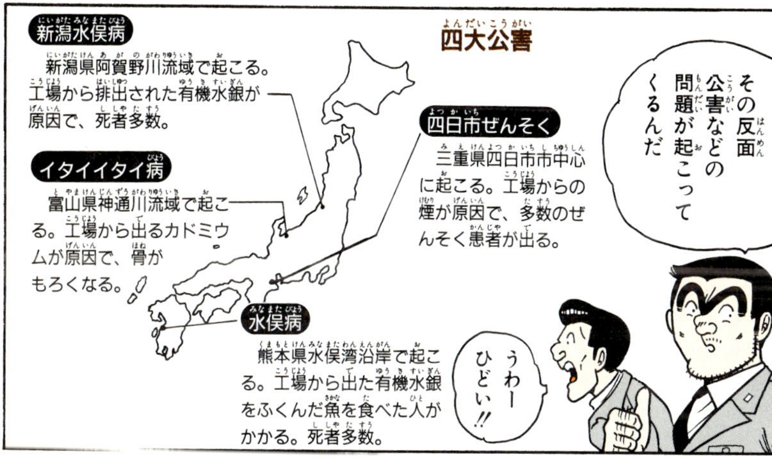

※東京大学の安田講堂に学生がたてこもる事件も起きた。

1951年・ひどく恋しい、サンフランシスコ

石油危機
1973年 アラブ石油輸出国機構が原油価格を引き上げ日本もパニックに
石油はいろんなものの原料だから品不足になると思ったんだ
自動車など工業製品を多く輸出したが…
1980年代 日本の貿易黒字が大きすぎると世界から改善を求められた
1985年 茨城県のつくば市で科学技術万国博覧会が開かれた 現代のIT時代を予感させる電機製品が作られた
ファックス
テレビゲーム
ビデオ
ワープロ
1989年 昭和天皇が亡くなり激動の昭和が終わった
時代は平成に！
1989～90年、東欧諸国で民主化の動きがあり、ソ連も1991年に解体。ロシア連邦などによる独立国家共同体になった。
◀ソ連の改革を進めたゴルバチョフ
長かった東西冷戦もついに終わった
▲東西ドイツを隔てるベルリンの壁崩壊

でも
湾岸戦争や
パレスチナ問題など
まだまだ
争いは
絶えないわ
ペルシャ湾
アラビア半島
過激なテロも発生し
一般市民も
危険にさらされる
時代になった
霞ケ関駅
日本でも
地下鉄
サリン事件が
あったよな
▼地雷の撤去
作業の様子
UN
UN
日本も
自衛隊をはじめ
さまざまな人が
世界の平和に
協力しているよ
雲仙・普賢岳の噴火や
阪神・淡路大震災など
さまざまな自然災害が
あったことも忘れては
ならないよ
そして日本
経済の好景気も
ついに終わった
（バブル崩壊）

日本は不景気の時代未来への課題は多いわ
まだまだ世界には飢えや差別が存在するし犯罪もふえている
そして地球の環境もどんどん悪くなっているし——
歴史の中で多くの人やできごとを見てきたね
よいことは手本に悪いことは二度とくり返さないようにして素晴らしい未来を作っていかないとね
まだ未来の歴史は真っ白
これからのできごとが歴史になっていくんだよ
この日本史の続きはこれから君たちが作るんだ!!

店頭にない場合は、その書店にお申し込みください。

こちら葛飾区亀有公園前派出所 両さんの

人体大探検

地図大達人

天体大達人

昆虫大達人

国のしくみ大達人

日本史大達人③

江戸時代後期～現代

日本史大達人②

鎌倉～江戸時代前期

日本史大達人①

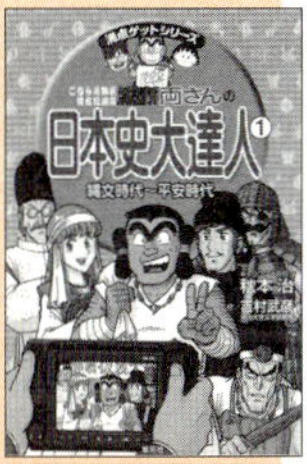

縄文～平安時代

カードブック型 制覇シリーズ

こちら葛飾区亀有公園前派出所 両さんの はたらく車

新しいスタイルのカード式図鑑

満点人物伝シリーズ

以下、野口英世、樋口一葉、源義経、聖徳太子、キュリー夫人、アンネ・フランク 発売予定。

ちびまる子ちゃんの

ヘレン・ケラー

こちら葛飾区亀有公園前派出所 両さんの 宮本武蔵

幼児向け ドクタースランプ なぞりがきえほん シリーズ

みぞをなぞれば「文字」と「数字」になる! 遊びながら「文字」と「数字」が学べる!

①あいうえお

四・五・六歳向き

②カタカナ

四・五・六歳向き

③ことば

四・五・六歳向き

④ABC

四～九歳向き

⑤かず

三・四・五歳向き

ホームページ「満点図書館」も見てね! アドレスは http://kids.shueisha.co.jp/manten/

満点ゲットシリーズ

こちら葛飾区亀有公園前派出所 両さんの日本史大達人③

2002年6月30日　第1刷発行
2004年9月27日　第4刷発行

●キャラクター原作／秋本 治
●監修／安田常雄
●こち亀まんが／池田俊一
●編集協力／フロッシュ(樋口智佳子)
●カバー・イラスト／伊藤秀明(銀英社)
●表紙イラスト／池田俊一
●本文カット／池田俊一、堀井徹、サイトウ・マン、
つぶらやなおと、黒木督之、竹村洋
●カバー・デザイン／ZOO(曽根陽子)
●本文デザイン／矢後雅代
●写植／昭和ブライト写植部

発行人　谷山尚義
発行所　株式会社　集英社
〒101-8050　東京都千代田区一ツ橋2丁目5番10号
電話　東京 03-3230-6024(編集)
03-3230-6393(販売)
03-3230-6080(制作)

Printed in Japan
印刷製本所　大日本印刷株式会社

ISBN4-08-314013-5　C8321